«Mal ehrlich: Wie oft denkt man: ‹Eigentlich könnte ich›, ‹Macht bestimmt Spaß› oder ‹Würde ich auch gerne mal›? Und dabei bleibt es dann. Schlimmstenfalls deswegen, weil man noch so ein albernes kleines ‹Aber› hinterhergedacht hat: ‹Aber dafür bin ich zu alt / zu jung / zu cool / zu uncool.› Oder einfach: ‹Aber nicht jetzt.› Und dann macht man es nie.»

Isabel Bogdan macht es. Sie macht all die Sachen, die so aussehen, als würden sie Spaß machen. Oder die sie interessieren. Sie blamiert sich im Rhönrad, wohnt der Schlachtung eines Schweins bei, staunt auf einer Esoterikmesse, spielt Pingpong mit Punks, besichtigt einen Darm, schlüpft in eine Fettweg-Hose und schüttelt ihr Haar beim Heavy-Metal-Festival in Wacken. Klingt nach einem großen Spaß? Ist es auch. Insgesamt 43-mal. Und wenn Sie das alles gelesen haben, wollen Sie plötzlich selbst Sachen machen. Wetten?

Isabel Bogdan

SACHEN MACHEN
Was ich immer schon tun wollte

Rowohlt Taschenbuch Verlag

2. Auflage Juli 2013

Originalausgabe
Veröffentlicht im Rowohlt Taschenbuch Verlag,
Reinbek bei Hamburg, Juli 2012
Copyright © 2012 by Rowohlt Verlag GmbH,
Reinbek bei Hamburg
Umschlaggestaltung ZERO Werbeagentur, München,
nach einem Entwurf von Kathleen Bernsdorf
Umschlagabbildung Kathleen Bernsdorf
Satz DTL Haarlemmer und DTL Nobel
Gesamtherstellung CPI Clausen & Bosse, Leck
Printed in Germany
ISBN 978 3 499 62818 4

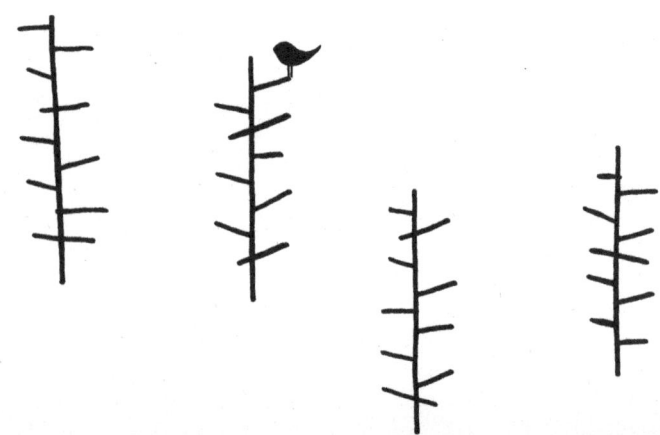

Inhalt

Der Mach-doch-Muskel

Als ich den Auftrag bekam, unter der Überschrift «Sachen machen» alle zwei Wochen einen Text für das Onlinemagazin CulturMag (www.culturmag.de) zu schreiben, habe ich mich gefreut wie verrückt. Ich bin Übersetzerin, ich sitze den ganzen Tag allein zu Hause am Schreibtisch. Natürlich könnte ich zwischendurch rausgehen und irgendetwas unternehmen, aber meistens tue ich es doch nicht. Außer ich habe alle zwei Wochen einen Text abzuliefern. Ich freute mich also, so blöd das klingt, dass ich gezwungen war, schöne Sachen zu machen, die ich auch ohne Zwang hätte tun können.

Wahrscheinlich ist das gar nicht so unnormal. Denn ehrlich, wie oft denkt man: «Eigentlich könnte ich», «Macht bestimmt Spaß» oder «Würde ich auch gerne mal»? Und dabei bleibt es dann. Schlimmstenfalls deswegen, weil man noch so ein albernes kleines «Aber» hinterhergedacht hat: «Aber dafür bin ich zu alt / zu jung / zu cool / zu uncool.» Oder einfach: «Aber nicht jetzt». Und dann macht man es nie. Menschen sind komisch, manche können sich auch zu Sachen, die sie gern machen, nicht immer aufraffen. Ich zum Beispiel. Da hilft so ein Abgabetermin ungemein!

Über das Thema Coolness kommt man dann auch schnell hinweg. Wenn man Sachen machen muss, dann macht man auch die uncoolen, dann geht man auch auf die Kirmes, und zwar mit dem ausdrücklichen Vorsatz, da Spaß zu haben. Man fährt Achter- und Geisterbahn und schießt auf Plastikblumen. Uncool? Mir doch egal, ich habe einen Abgabetermin. Und meinen Spaß. Umgekehrt genauso: Nach Wacken? Ich? Oder: Beim Schweineschlachten zugucken? Hilfe. Dafür bin ich doch gar nicht cool

genug. Egal, Augen zu und durch. Und tatsächlich macht auch Wacken Spaß, und, na ja, Schweineschlachten macht natürlich keinen Spaß, aber ich bin froh, dass ich es mir angeguckt habe. Die ganze Sachenmacherei eignet sich hervorragend dazu, mal seine Vorurteile zu überdenken und durch Neugier zu ersetzen.

Ein weiteres großes Glück war, dass mir niemand vorgeschrieben hat, was ich tun soll. Ich konnte mir alles selbst aussuchen, ich musste nicht Fallschirmspringen oder überhaupt irgendwo runterspringen, ich musste nichts tun, was ich doof fand oder wovor ich Angst hatte. Aber plötzlich hatte ich dann doch den Ehrgeiz, wenigstens ein paar Dinge zu tun, die mich ein bisschen Überwindung kosteten. Und das lag daran, dass ich meinen Mach-doch-Muskel trainiert hatte.

Die Vorstellung von einem Mach-doch-Muskel stammt von der Journalistin Meike Winnemuth. Meike Winnemuth versteht etwas vom Sachenmachen, sie war das komplette Jahr 2011 auf Weltreise und hat auch vorher schon immer mal Dinge ausprobiert und darüber geschrieben. Als wieder einmal jemand seiner Bewunderung dafür Ausdruck verlieh, was für tolle Sachen sie macht, schrieb sie in ihrem Blog (www.vormirdiewelt.de), sie glaube, jeder Mensch habe so eine Art Mach-doch-Muskel, den man trainieren kann wie andere Muskeln auch. Je mehr man einfach Sachen macht, desto leichter fällt es einem beim nächsten Mal, desto mehr Lust bekommt man auf Neues, und desto weniger muss man sich aufraffen. Das hat mir sofort eingeleuchtet, denn genau dieselbe Erfahrung habe ich auch gemacht. Plötzlich tue ich viel mehr Dinge, einfach so, weil ich gerade Lust dazu habe, auch dann, wenn ich nicht darüber schreibe. Es muss gar nicht immer etwas Großes sein; wenn ich will, dann springe ich halt für einen Euro fünf Minuten Trampolin, statt, wie früher, nur zu denken, «Macht bestimmt Spaß», und ungehüpft an den Trampolinen vorbeizugehen. Was ja auch wirklich blöd ist.

Was ich sagen will: Machen Sie Sachen! Ehrlich. Trainieren Sie Ihre Mach-doch-Muskeln. Bestellen Sie das Essen auf der Speisekarte, das Sie noch nicht kennen, melden Sie sich für die komische Sportart an, die Sie schon immer mal ausprobieren wollten, und unterhalten Sie sich mit dem interessanten Typen an der Bar. Dann wird es plötzlich auch ganz einfach, endlich die Küche grün zu streichen.

Bikram Yoga

Fünf Tage für fünf Euro. Ein Angebot, das man nicht ausschlagen kann. Außerdem habe ich noch nie Yoga gemacht, und schwitzen finde ich sowieso gut. Bikram Yoga ist nämlich Yoga bei einer Raumtemperatur von 38 Grad. Celsius!

Auf dem Flyer steht, man solle «leichte Sportkleidung» tragen, anderthalb Liter Wasser mitbringen und sich darauf einstellen zu schwitzen. Ich trage eine knielange Laufhose und ein T-Shirt und bin damit hoffnungslos overdressed. Overdressed im Sinne von: Ich habe einfach viel zu viel an. Es ist gut ein Dutzend Leute da, die Frauen haben ein bisschen was an, die Männer kommen gleich ganz nackt. Na gut, in einem winzigen Badehöschen. Ich bin zehn Minuten vorher im Saal, aus großen Heizlüftern wird unter beträchtlichem Getöse heiße Luft in den Raum geblasen. Aufwärmen durch Rumliegen, herrlich. Sieht aus, als wäre das genau meine Sportart.

Dann ist es vier Uhr, die Trainerin kommt herein. Sie fängt an, Anweisungen zu geben, und wird damit für die nächsten anderthalb Stunden nicht mehr aufhören. Das hatte mir vorher am Empfang schon jemand erklärt, dass es immer gleich weitergehe, ohne Pause, und dass man konstant Anweisungen bekomme.

Die Heizlüfter rauschen, die Raumakustik ist weniger berauschend, die Trainerin spricht manchmal Indisch, und wenn sie Deutsch spricht, spricht sie Englisch und sagt zum Beispiel «Klasse» zu einer Stunde und «das Bein liften». Das finde ich erst mal ein wenig anstrengend, soll Yoga nicht eigentlich ruhig und meditativ und entspannend sein? Wir fangen mit einer Atemübung im Stehen an, dann kommt eine ganze Reihe Balanceübungen.

Man steht auf einem Bein und macht mit dem Rest des Körpers irgendwas anderes. Ich dachte, so was könnte ich einigermaßen, aber Pustekuchen. Ich kippe dauernd um. Im Übrigen schwitze ich wie ein Schwein, der Mann neben mir tropft ebenfalls, dabei haben wir noch gar nichts Anstrengendes gemacht. Wir stehen ja nur da. Die Heizlüfter rauschen, es hallt, ich verstehe die Namen der Asanas nicht (immerhin verstehe ich oder weiß irgendwoher, dass die Übungen Asanas heißen), und wenn ich sie verstünde, könnte ich nichts damit anfangen, ich kriege nur die Hälfte mit und gucke mir die andere Hälfte bei den anderen ab. Die Anweisungen kommen in einem einzigen, nicht endenden Wortschwall, hebt-die-Arme-hoch-über-den-Kopf-Kopf-zwischen-die-Oberarme-die-Finger-verschränkt-die-Zeigefinger-zeigen-nach-oben-streckt-euch-zur-Decke, was machen die anderen, es rauscht, ich hebe die Arme, und das. ist. verdammt. anstrengend. Nicht zu fassen, es kann doch nicht anstrengend sein, die Arme zur Decke zu strecken. Nur wegen läppischer 38 Grad. Celsius.

Ich würde gern einen Schluck trinken, nein, ich würde gern eine *Menge* trinken, ich habe Durst, ich schwitze, aber es geht Schlag auf Schlag, eine Übung nach der anderen, die Entspannungsphase dazwischen dauert wenige Sekunden. Übung lösen, einmal kurz gerade hinstellen, nächste Übung. Dann endlich sagt sie: Ihr könnt jetzt was trinken. Ich nehme meine Flasche, schraube sie auf, und als ich sie gerade an den Mund setzen will, kommt die Anweisung zur nächsten Übung, keine Zeit für mehr als ein paar Schlucke. Wir machen weitere Übungen im Stehen, jetzt aber mit Runterbeugen, zu den Seiten, nach vorne, nach hinten, immer wieder hängt der Kopf für eine Weile unten, und beim Aufrichten macht mein Kreislauf schlapp. Ich muss ein bisschen aufpassen, kurz mal Pause machen. Ich bleibe stehen, wie die Trainerin es mir geraten hat, gerade und mit hängenden Armen, jedes Anwinkeln kostet den Kreislauf zusätzliche Kraft.

Weiter geht's, jetzt kommen die Übungen im Liegen, das Handtuch, auf dem ich liege, ist schon klatschnass, meine Klamotten sind es auch. Warum um alles in der Welt habe ich eigentlich diesen Sport-BH druntergezogen? Den braucht man hier wirklich nicht, es wird nicht gehüpft oder gerannt, er ist viel zu dick und zu warm. Schwitz, schwitz. Zwischendurch sekundenweise Entspannung. Es gibt sogar ein indisches Wort für «gerade auf dem Rücken liegen», das machen wir immer ganz kurz zwischendurch, man darf die Augen dabei nicht schließen. Meine gehen immer von selbst zu. Wenn man die Augen schließt, erklärt die Trainerin, signalisiert man dem Körper, er könne sich jetzt ausruhen, und das macht das Weitermachen nur schwieriger.

Ich schwitze. Mir fallen die Augen zu. Nächste Übung. Kobra, Kamel, Kaninchen. Schwitzen, trinken, Rückenlage, Sit-up, schwitzen, trinken, Augen auf, schwitzen, schwitzen, Kreislauf. Jede Übung für sich wirkt eigentlich nicht besonders schwierig, aber ist. das. warm. Und anstrengend.

Mit einer letzten Atemübung ist nach anderthalb Stunden Schluss. Wer will, kann gehen, und wer will, kann noch einen Moment liegen bleiben. Ich entscheide mich für Liegenbleiben, die Trainerin macht Entspannungsmusik an, manche gehen, ich liege da und werde urplötzlich und vollkommen unerwartet von einem Schluchzen geschüttelt, das ich gerade so weit unterdrücken kann, dass es niemand merkt. Mein Unterkiefer zuckt, mein Zwerchfell zuckt, mir schießen die Tränen in die Augen, und mein Hals schnürt sich zu. Wäre ich allein, würde ich hemmungslos weinen, aber ich bin weder allein noch hemmungslos, es sind wildfremde Menschen um mich herum. Ich bleibe eine Weile liegen und reiße mich zusammen.

Am Duschraum steht, man möge bitte nur kurz duschen, der Umwelt zuliebe. Das finde ich ein bisschen niedlich, nebenan wird mittels elektrischer Heizlüfter Indien gespielt, und hier sollen wir umweltschonend duschen. Später stelle ich fest, dass ich mir das Duschen auch gleich ganz hätte sparen können, denn ich schwitze sowieso für den Rest des Tages munter weiter.

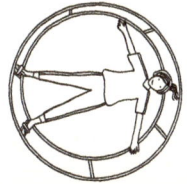

Chinesische Massage

– Oieau-massaj-tag?
– Guten Tag, mein Name ist Bogdan, ich würde gern einen Massagetermin ausmachen.
– Bann?
– Ich bin ziemlich flexibel, wann …
– Oide?
– Heute? Äh, ja, warum nicht, gerne.
– Bann?
– Wann – äh, fünfzehn Uhr?
– Bessa fiase?
– Okay, vierzehn Uhr. Bis gleich.

Als ich ankomme, strahlt die chinesische Masseurin mich an, ruft freudig «Ha-o!» und führt mich in den Massageraum. «A-es auzieh, nur ni Wunahos, Bau lege», weist sie mich an und verschwindet. Ich versuche es mit: alles ausziehen, nur nicht Unterhose, Socken und Uhr und auf den Bauch legen. Fast richtig; Socken und Uhr hätten auch ausgemusst.

Sie wickelt mich erst mal von Kopf bis Fuß in Handtücher ein und massiert mich sanft ein bisschen durch die Handtücher hindurch. Nacken, Rücken, Po, Beine, Füße. «Deutse so swee-a!», verkündet sie dabei, mehrfach. Erst denke ich, die Deutschen seien so schwer, dann verstehe ich, nein, die deutsche Sprache ist schwer. Ja, das höre ich, Deutsch ist schwer, Sprache schwer, Aussprache schwer. Sie nimmt das Handtuch von meinem Rücken, legt mir ein anderes über den Hinterkopf und reibt mir den Rücken mit Öl ein. Und massiert. Und knetet. Ihre Hände sind plötzlich aus

Stahlbeton, meine Nackenmuskulatur ist es leider auch, vor allem rechts, der Mausarm. Stahlbeton auf Stahlbeton ist nicht so richtig angenehm, aua, aua, aua.

«Deutse so swee-a!», ruft sie. Das hält sie allerdings nicht davon ab, sehr viel zu sprechen, «immer dea und das, so swee-a», erklärt sie.

«Ja», sage ich, auch nur noch in Wörtern sprechend statt in Sätzen, «die Artikel, sehr schwer.» Ich glaube, sie erzählt mir, was sie gestern in der Schule Schweres besprochen haben, «so swee-a, Zeht!» – «Zeht?», frage ich. «Zeht!», ruft sie und probiert dann ein bisschen mit Vokalen und Erklärungen herum: «Zehte! Ze-ute? Zett! Zette!» – «Zettel?», frage ich hoffnungsfroh. «Zeite!», ruft sie, und endlich verstehe ich: «Die Zeiten! Ja, die sind auch sehr schwer im Deutschen! Verben! Haha, ja, die Zeiten!» Sie amüsiert sich prächtig, «nein», lacht sie, «ja, au so swee-a», aber was sie meint, ist doch «Ze-te, Kan-pin-praße!» Irgendwann verstehe ich. Zelten. Campingplatz. Wir sind beide total erleichtert. Zelten! Haha, ja! Campingplatz! Zelten, klar! So schwer!

Derweil hat sie den ersten Liter Öl in meinen Rücken massiert, und ich habe mehrfach gestöhnt. «Tu weh?», fragt sie dann und lacht und tut mir noch mehr weh. «Swei Tage Muskakata», kündigt sie an. Na meinetwegen, immer her damit, aua. Rechte Rückenhälfte, linke Rückenhälfte, plötzlich klettert sie auf die Liege und hockt sich auf mich, knetet weiter, dann wieder runter.

Sie geht an meinen Hals, da bin ich empfindlich, ich kriege Gänsehaut und sage: «Uh, da kriege ich Gänsehaut.» – «Was?», fragt sie. «Tu weh?» – «Nein», sage ich, «aber das läuft mir durch den ganzen Körper», woraufhin sie sich gar nicht mehr einkriegen will vor Lachen. «Das gut», sagt sie, «löft ganse Köpa, hahaha.» Sie arbeitet sich meinen Rücken hinunter, an manchen Stellen tut es höllisch weh. Sie massiert mir den Po, «ni gut, imma sitze», diagnostiziert sie, «ni gut füa Lücke, ni gut füa Po», dann deckt sie

meinen Rücken mit einem Handtuch ab und arbeitet sich weiter meine Beine hinunter, der nächste Liter Öl wird eingeknetet, ich fühle mich wie Kuchenteig (Quark-Öl-Teig). Schließlich die Füße, du lieber Himmel, ist das wundervoll.

Die Masseurin ist deutlich stiller geworden. Nachdem sie mit meinen Füßen fertig ist, kommt sie wieder an meinen Kopf, dreht mir die Arme auf den Rücken, erst den einen, dann den anderen, drückt einmal drauf. «Tu weh?», fragt sie. «Ja, sehr», sage ich. Sie fasst mir unters Schulterblatt, dahin, wo es noch mehr wehtut, massiert mir dann den Arm und die Hand, dann die andere Seite. Und wieder an die schlimme Stelle, die rechte Schulter, ich stöhne auf. «Tu weh?», fragt sie und geht weg. Es rumpelt und pumpelt vor der Tür herum, dann höre ich sie wieder reinkommen, ich sehe sie nicht, ich gucke ja die ganze Zeit durch das Loch im Tisch auf den Boden, wo ich außer dem Parkett nur manchmal ihre sonderbaren Hausschlappen sehe, so eine Art mit Teddybärfell bezogene Gesundheitslatschen, aber herrje, wer wird noch etwas über Asiaten und ihre Hausschlappen sagen wollen. Ohne jede Vorwarnung legt sie mir ein knallheißes, nasses Handtuch auf den Rücken, dann noch eins und noch eins. «Hei?», fragt sie. «Nee, super», sage ich, sie packt auch meine Arme darin ein, ich weiß nicht, wie viele heiße, nasse Handtücher sie auf mich stapelt, es fühlt sich großartig an. «Swee-a?», fragt sie. «Nee, super», sage ich. Dann knetet sie mir wieder die Beine. «Tu weh?»

Ich habe jedes Zeitgefühl verloren, eine Stunde soll es insgesamt dauern, wie viel Zeit mag vergangen sein? Kann das bitte nie aufhören? Sie ist wahrhaftig nicht zimperlich, plötzlich tun mir sogar die Beine weh, obwohl ich da nie was hatte, aber wenn man fest genug knetet, tut irgendwann alles weh. Aua. Weitermachen. Sie schlägt mir auch die Beine in knallheiße Tücher ein, woah. Plötzlich kniet sie auf mir, drückt mir durch die heißen Handtücher die Knie in den Rücken, aua, ist. das. großartig.

Alles hat ein Ende. Sie packt mich aus den heißen Handtüchern aus und befiehlt «um-deh». Ich drehe mich um, dafür muss ich mich ein bisschen mit den Armen abstützen, nicht zu fassen, ich habe den Muskelkater jetzt schon. Meine Schultern schmerzen, Wahnsinn. «Tu weh?», fragt sie und prognostiziert «swei Tage Muskakata». Is recht. Für die Gesichtsmassage zum Schluss ist leider kaum noch Zeit, halbe Minute vielleicht, schade.

Ich bin fix und fertig. Und habe hinterher eher vier als zwei Tage Muskakata.

Osteopathie

Neulich hatte ich Rücken. Aber so richtig. An dem betreffenden Sonntag lag ich auf demselben, Montag war es ein kleines bisschen besser, aber noch überhaupt gar nicht gut, und so blieb es auch bis Mittwoch. Da ich am Donnerstag für vier Tage verreisen wollte, passte mir das gar nicht. Ich überlegte hin und her, ob ich die Reise absage, ob ich einen Koffer tragen kann, dass ich ihn jedenfalls sicher nicht ins Gepäcknetz heben kann, ob ich es mir antue, drei Tage auf Stühlen zu sitzen und Vorträge zu hören und zu workshoppen, oder ob ich lieber zu Hause bleibe und jaule – und dann ließ ich mir für Donnerstag früh kurz entschlossen einen Termin bei einer Osteopathin geben. Was ich über Osteopathie gehört hatte, war, dass das total toll sei und bei verschiedensten Leuten Wunder gewirkt habe und bei Rückentheater nichts so gut helfe wie Osteopathie. Des Weiteren hatte ich gehört, es handle sich um den reinsten Hokuspokus und großen Unfug und sei nur Geldmacherei. Was ich nicht gehört hatte, war, was das überhaupt genau ist. Ich erwartete irgendetwas zwischen Krankengymnastik und Massage.

Am Donnerstagmorgen in der Praxis muss ich mich erst mal ausziehen, und die Osteopathin betrachtet mich eine Weile von hinten. Sie sagt nicht viel. Ich soll einmal ganz tief Luft holen – das geht irgendwie nicht richtig, ich kann nicht so tief einatmen, wie ich will. Dann muss ich mich auf eine Liege legen, auf den Rücken, und sie schiebt mir die Hände unter den Rücken. Da liege ich also auf ihren Händen. Minuten später verschiebt sie eine Hand ein wenig. Sie sagt immer noch nichts. Ich frage, was denn da jetzt passiert, was sie da macht, da sagt sie, sie behandelt mein

Zwerchfell, denn wenn das verspannt ist, verspannt alles, oder so ähnlich. Ich fühle mich gründlich verarscht, denn sie behandelt ja gar nichts, sie tut überhaupt nichts, sondern sorgt im Gegenteil noch dafür, dass ich mit meinem schmerzenden Rücken schief auf ihren Händen liege. Das weiß sogar ich, dass man, wenn man eh schon verzogen ist, nicht auch noch schief auf etwas draufliegen darf.

Irgendwann nimmt sie ihre Hände unter meinem Rücken weg und geht an meine Füße, legt mir die Hände an die Füße, an die Waden, lässt sie jeweils minutenlang dort liegen. Kein Druck, keine Massage, gar keine Bewegung, nur Berührung. Meine Füße sind ziemlicher Schrott, der Fachmann sagt Hallux valgus, ich sage: aua. Und zwar aua-aua-aua. Nicht von der Osteopathie, sondern immer, vom Laufen, vom Nichtlaufen, vom Schuhetragen, und vom Barfußgehen erst recht.

Zum Schluss betrachtet sie mich wieder von hinten und meint: Schon viel besser. Und dass meine Rückenprobleme von den Füßen kommen, weil ich da eine Schonhaltung einnehme und irgendwie schief und krampfig gehe, und das pflanze sich fort nach oben, über die Knie und das Becken bis in den Rücken. Das ist das Erste, was sie wirklich sagt, und das Erste, was mir plausibel vorkommt. Das höre ich schließlich auch nicht zum ersten Mal. Ich soll noch einmal tief Luft holen, und: Es geht. Aber ob das jetzt Zufall ist oder wirklich an der Osteopathie liegt, nun ja. Immerhin hat die Frau überhaupt nichts gemacht, die «Behandlung» war wirklich ein Witz. Ich soll allerdings im Ernst dafür bezahlen, und zwar gar nicht so wenig. Ich bin brummig, aber nun ja, einen Versuch war es wohl wert.

Nachmittags nehme ich meinen Koffer, ziehe ihn die meiste Zeit zwar hinter mir her, trage ihn aber auch Treppen rauf und runter und in den Zug und wieder raus und quer durch Göttingen zu einer Freundin, hebe ihren anderthalbjährigen Sohn hoch und

setzte ihn ab und wieder und wieder und trage ihn ein Stück und spiele mit ihm und hocke auf dem Boden im Sand und beuge mich runter und versuche noch aus Gewohnheit, das alles ein bisschen vorsichtig zu machen, aber es geht alles wunderbar und ist gar kein Problem. Und am nächsten Tag fahre ich von Göttingen nach Wolfenbüttel zur Tagung und verschwende dort keinen einzigen Gedanken mehr an meinen Rücken, denn da ist kein Schmerz, nirgends.

Lebensfreudemesse

Als Erstes kaufen wir uns ein Mangolassi. Lecker! Dann probieren wir ein kleines Trampolin aus, eine nette Dame lässt uns hüpfen. Hüpfen ist gesund, denn man braucht dafür alle möglichen Muskeln und den Gleichgewichtssinn, es bringt den Kreislauf in Schwung, die Bewegung ist sanft und ohne harte Stöße, außerdem macht Hüpfen Spaß. Lebensfreude scheint mir eine ganz vernünftige Angelegenheit zu sein. Mangolassi, Trampolin, Lebensfreude, alles super.

Unsere nächste Station ist ein Massagekissen. Es ist vielleicht 25 Zentimeter hoch und knapp 40 breit, man sitzt auf Gartenstühlen, das Kissen in der Lendenwirbelsäule massiert erstaunlich heftig. Total toll. Ein gesprächiger Chinese kippt uns die Stühle nach hinten und legt uns die Massagekissen unter den Schulter- und Nackenbereich – woah. Tut weh, tut gut, wir wollen gar nicht mehr aufstehen. Wir lassen uns rauf und runter den Rücken massieren und finden Lebensfreude super.

Ich wundere mich über den Stand der Partei «Die Violetten. Für eine spirituelle Politik». Torsten sagt, die treten auch regelmäßig zu Wahlen an. Ich vergesse so was ja immer gleich, sobald ich die Wahlkabine verlasse, kann mich also nicht daran erinnern. Aber ich finde es zauberhaft, wie intensiv das junge Paar hinter dem Stand miteinander beziehungsweise mit Knutschen beschäftigt ist. Was für eine Lebensfreude! Knutschen ist natürlich super.

Aber es ist dann doch nicht alles nur Spaß. An manchen Ständen merkt man deutlich, dass Lebensfreude eine ernste Angelegenheit ist. Man sorgt sich vor allem um unsere Heilung. Heilung ist das große Thema. Und Energie. Energie ist wichtig, Energie

ist das, was wir brauchen, Energie ist quasi *das Gute*. Das hat man schnell begriffen, wenn man durch die Halle geht. Erhalten kann man diese Energie beispielsweise mittels einer Energiepyramide. Genauer gesagt, mit der Original Kyborg® Energiepyramide® von Horus® (Doppelpyramide®). Ein erstaunlich hässliches Teil, das es in zwei Größen gibt: groß und sehr groß. Die große hat eine Reichweite von acht Metern, die sehr große fünfundzwanzig. Die Pyramide aus Messingstäben steht auf einer Bodenplatte aus Acryl (bei der sehr großen vielleicht 80 x 80 Zentimeter), und darin befindet sich eine kleinere, ebensolche, aber auf dem Kopf stehende Pyramide. Durch die Mitte verläuft ein Stab, der mit Halbedelsteinen oder so was gefüllt ist.

Ein junges Mädchen sagt zur Erklärung auf, was es auswendig gelernt hat: Die Spitze der Pyramide nimmt Energie aus dem Kosmos auf, die durch die Pyramide nach unten hin breit abgestrahlt wird. Die innere, auf dem Kopf stehende Pyramide nimmt die Energie der Erde auf und strahlt sie nach oben hin ab. Dadurch entsteht natürlich ein sehr kraftvolles Energiefeld, das man auch spüren kann. Wir sollen die Hände unter die Pyramide halten. Oder an die Ecken. Oder innen rein. Ob wir die Energie spüren? Nein, sagen wir, wir spüren nichts. Es könne warm sein oder kalt oder ein Kribbeln. Wir halten eine Weile die Hände hin und spüren immer noch nichts. Sie führt uns von der großen zur sehr großen Pyramide, die ist natürlich stärker, und hier?, fragt sie. Nein, sagen wir. Dass es ein bisschen kühl ist, sagt Torsten, liege natürlich am Plexiglas.

Das junge Mädchen ist ratlos, der Mann am Stand kommt ihr zu Hilfe. Ob ich die Pyramide schön finde, fragt er, und ich bin ein bisschen stolz auf mich, dass ich statt eines entsetzten «Das ist ja wohl nicht Ihr Ernst» immerhin ein halbwegs diplomatisches «Mein Geschmack ist es nicht» herausbringe. Ob sie mir in Silber denn besser gefallen würde, fragt er. Äh, nee, das macht's dann auch nicht. Ich gucke kurz Torsten an und denke: Wehe, du lachst, dann kann ich mich auch nicht mehr beherrschen. Torsten sieht mich ebenfalls an, ich weiß genau, dass er dasselbe denkt. Ina geht weg und erzählt uns hinterher, unser Blickwechsel hätte ihr dann vollends die Schuhe ausgezogen, sie hätte es nicht länger ohne Lachanfall geschafft. Torsten und ich halten noch ein bisschen durch. Der Mann erklärt uns noch mal dasselbe, wir spüren erstaunlicherweise immer noch nichts. Zum besseren Verständnis empfiehlt er uns, die CD mit der Aufzeichnung seines Auftritts bei Jürgen Fliege zu kaufen, da sei das alles super erklärt. Und da hätten sie die Energie auch gemessen, die hatten da ein Messgerät, und da hatte die Pyramide an der einen Stelle einen Messwert von 28! Soso, 28. Super. Ehrlich, 28 ist schon, also, puh. Torsten fragt, um was für Energie es sich denn handle. Na, die Energie in der Pyramide eben. Ja, aber was für eine Art von Energie denn, Wärme, elektrische Energie, magnetische? Also, sagt der Mann, das sei mit diesem Gerät hier gemessen worden. Er zeigt auf ein Bild von irgendeinem elektrischen Gerät. Ein kleines graues Kästchen mit zwei so Pegeldingern. Doch, doch, da kann man die 28 deutlich ablesen, das sehen wir durchaus.

Was uns am meisten erstaunt, ist, dass der Mann nicht mal eine Erklärung parat hat. Dass er mit der einfachsten aller Fragen so ins Schwimmen gerät und keinen Verwirrtext auf Lager hat. Die Fliege-Sendung war, wenn ich mich recht erinnere, 1998 oder 1999, der Mann macht das also schon eine Weile. Und wir sind wirklich stolz auf uns, dass wir das ohne Lachen überstanden haben.

Zur Entspannung und wegen der Lebensfreude stelle ich mich als Nächstes strumpfsockig in eine große Klangschale. Eine sehr schöne Frau mit ganz langen Haaren und grundsympathischer Ausstrahlung schlägt die Schale an, dazu eine weitere, kleinere,

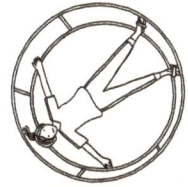

mit der sie mir dann am Körper entlangfährt. Die Schale, in der ich stehe, schwingt so stark, dass Ina und Torsten es sogar über den Boden und durch die Schuhsohlen spüren, der Ton der kleineren Schale wird lauter und leiser, je nachdem, wohin die Dame sie gerade bewegt. Schwingung ist Energie, das kann man spüren, das ist Physik und nachvollziehbar. Auf welche Weise und inwiefern diese Vibrationen jetzt meine Aura glätten, habe ich nicht verstanden, ist aber auch wurscht. Plötzlich durchrieselt mich ein Schauer, eine Gänsehaut, ich zweifle nicht daran, dass diese Schallwellenübertragung irgendwas mit der Energie in meinem Körper gemacht hat. Vielleicht ist das diese Lebensfreude, von der man jetzt so viel hört.

Und so geht es noch eine Weile weiter. Ein Schamane flötet mit einer indianischen Flöte jemanden an, der dazu über Pferdefotos meditiert. Ich bin fassungslos, da sitzt tatsächlich in einem kleinen Messekabuff ein erwachsener Mann vor einem Ringbuch mit Pferdefotos in Klarsichthüllen, starrt eins davon an, und ein anderer erwachsener, vollkommen unindianisch aussehender Mann tänzelt mit seiner indianischen Schamanenflöte um ihn herum und flötet ihn an. Ina meint, ich müsse an meiner Ausdrucksweise arbeiten, es heißt nicht «Er glotzt Pferdebilder an», sondern «Er baut eine Beziehung zwischen Mensch und Krafttier auf, um in Einklang mit der Natur ...» Der Rest geht im Stimmengewirr unter. Wahrscheinlich hat sie recht.

Überhaupt, die Ausdrucksweise. Wir sind in einem Paralleluniversum mit einer ganz eigenen Sprache. Es geht dauernd um Energie, um Kraft, Heilung, Aura, Kraftpunkte, Krafttiere, energetischen Ausgleich, das Energetisieren von Wasser, das Begradigen der Aura, um Einklang, Engel, Licht, Lichtwesen, um unser Inneres und den Kosmos. Ein wildes Durcheinander von vollkommen abgedrehtem Unfug, nachvollziehbaren Massagegeräten, Gesundheitsschuhen und leckerem Essen. Und eine mediale

Ausbildung ist auch nicht das, was man sich anderswo darunter vorstellt.

Ein weiterer Chinese labert mich mit Mundgeruch und einem schier nicht enden wollenden Wortschwall über sein handliches kleines Massagegerät voll. Er hält meine Hand fest, zeigt mir, wo dort welche Reflexpunkte sind, drückt mir das Teil in die Hand, damit ich es selbst ausprobiere, nennt plötzlich einen Preis, Messeangebot, wolle kaufe? Nee, danke, lassma, ich wüsste ja gar nicht, wohin mit so viel Lebensfreude. Es ist allerdings ein bisschen schwierig, ihm das Teil zurückzugeben, er möchte, dass ich es in der Hand behalte und lieber Geld rausrücke, und nimmt das Ding einfach nicht zurück. Langsam macht diese Veranstaltung mich ein bisschen wütend, Lebensfreude hin oder her.

Nach zweieinhalb Stunden sind wir vollkommen erschöpft. Wir setzen uns in die Vorhalle, essen einen vegetarischen ayurvedischen Gemüsematsch und lauschen dabei halbherzig irgendwelchen Ausführungen darüber, wie man sich mit minderhübschen Kettenanhängern gegen Elektrosmog schützen kann. Der Gemüsepapp gibt uns den Rest, wir verlassen die Messe nach nur drei Stunden, und ich fahre schnurstracks nach Hause, wo ich sofort ins Bett und in einen bleiernen Schlaf falle. Keine Ahnung, was die da auf der Messe mit meiner Energie gemacht haben. Pyramiden draus gebaut, scheint's.

Was ich wirklich bedaure, ist, dass wir das Überraschungseiorakel nicht gemacht haben. Das hätten wir wirklich noch tun sollen, für einen Euro.

Punk

Wissen, Halbwissen und Vorurteile über Punks:

Punks sehen komisch aus. Sie haben knallbunt gefärbte Haare in albernen Stachelfrisuren. Der Dresscode ist nicht besonders kompliziert: hauptsächlich schwarz, viele Nieten und Ketten und sonstiges Metall an Klamotten und Körper. Außer Schwarz ist auch rotes Schottenkaro erlaubt, ansonsten keine Farben, nichts Helles. Höchstens noch schwarz-weiß kariert, aber auf eine bestimmte Weise. Punks lungern an stadtbekannten Herumlungerplätzen herum, haben Hunde und Ratten dabei und schnorren. Sie trinken Bier. Drogen weiß ich nicht. Die meisten pöbeln weniger, als man (= ich) so denkt, manche schnorren geradezu höflich. Sie sind für Anarchie und Chaos, gegen Regeln und Spießigkeit und überhaupt immer dagegen, und vor allem gegen Nazis. Ich habe immer ein bisschen Angst, dass sie aggressiv sind. Sind sie aber meistens gar nicht. Ihre Musik ist schnell, laut und hart, statt Gesang wird geschrien. Insgesamt könnte man also meinen, mit dem Ende der Pubertät wäre auch der Punk zu Ende, aber so ist das nicht. Punx not dead, man kann auch erwachsen und Punk sein. Hier endet mein Punkerwissen.

Was ich über Punks nicht wusste:

Sie treffen sich montagabends im Hafenklang zum Tischtennisspielen. Rundlauf, wie früher auf Klassenfahrten in der Jugendherberge. Der ganze Abend nennt sich «Punkerstammtisch mit Tischtennis und DJ» – was für eine vertane Gelegenheit! Man hätte es so schön «Punkpingpong» nennen können. Die versammelten Pingpongpunks sehen aus wie ... ich will nicht sagen, wie

Versicherungsvertreter, aber wenn man bedenkt, was ich erwartet hatte, wirken sie zum großen Teil doch wie brave Angestellte, die abends halt Jeans und ein St.-Pauli-Shirt tragen. Weit und breit keine bunten Haare. Im Gegenteil, es sind Dreadlocks und brave Halbglatzen da. Ich trage übrigens ebenfalls Jeans und T-Shirt und bilde mir ein, überhaupt nicht aufzufallen: Ich, Isabel Bogdan, bürgerlich bis ins Mark, falle unter all den Punks nicht auf.

Die Musik hingegen ist genau so, wie ich sie erwartet habe. Laut, schnell, aggressiv. Wir werden zwei Stunden am Stück angeschrien, wir sollen uns ficken. Also, jeder sich selbst, nicht einander. Gut, kann man machen, de gustibus est sowieso non disputandum. Über Tischtennisregeln est auch non disputandum, alle kennen sie und halten sich dran, alle wandern total entspannt um die Pingpongplatte herum, und wer einen Fehler macht, fliegt raus. Ich zum Beispiel. Ich weiß nicht, wann ich zuletzt Tischtennis gespielt habe, wahrscheinlich tatsächlich auf einer Klassenfahrt, natürlich haue ich dauernd daneben. Und «wieder reinkommen» klappt natürlich auch nicht, wenn man immer gleich beim ersten Ballkontakt rausfliegt und dann wieder bis zur nächsten Runde warten muss. Ich kenne die Regeln nicht mal, an die die Punks sich so artig halten, und werde freundlich lächelnd darauf hingewiesen, dass man die Angabe wiederholen muss, wenn der Ball beim ersten Mal das Netz berührt. Manchmal schaffe ich ein paar Runden, einmal bin ich sogar unter den letzten vier. Ins Endspiel kommen immer dieselben paar Leute. Manche sind sehr cool und routiniert, Zigarette im Mundwinkel, Bier in einer Hand, Tischtennisschläger in der anderen. Andere sind ebensolche Nichtskönner wie ich und fliegen immer gleich wieder raus. Dann holt man sich halt ein Bier und wartet, bis man wieder dran ist. Anarchie ist anderswo.

Wir machen ein paar Runden Pause, gucken nur zu, dann spielen wir wieder mit. Alles sehr entspannt und nett.

Einmal fliegt der Ball quer durch die Kneipe, springt hierhin und dorthin, fällt dem, der ihn schon hatte, wieder aus der Hand, verschwindet irgendwohin, und als er endlich wieder da ist, weiß niemand mehr, wer eigentlich Aufschlag hatte. Die beiden, die sich gerade an der Platte gegenüberstehen, knobeln das mit Schnick-Schnack-Schnuck aus, und plötzlich finde ich das «Fuck you»-Geschrei aus den Boxen – ich bitte um Entschuldigung – irgendwie niedlich.

Der Unterschied zur Klassenfahrt ist: Napalm Death ist krawalliger als Duran Duran. Das Tischtennisspiel hingegen ist hier sehr viel entspannter und freundlicher als auf Klassenfahrten. Auf Klassenfahrten gab es immer Streit, dafür aber keinen Alkohol. Der ist hier erlaubt. Und als es auf Klassenfahrten nach Kräutern roch, spielten wir nicht mehr Tischtennis.

Salzgrotte

Seit ich den Gutschein für die Salzgrotte habe, schmecken meine Lippen, sobald ich daran denke, salzig. Die Psyche ist ein wunderliches Ding. Aber wenn ich mir vorstelle, in einem Raum zu sitzen, der komplett mit Salz ausgekleidet ist, schmecke ich sofort salzig, als hätte ich im Meer gebadet.

Tue ich aber nicht, ich gehe nur in die Hamburger Salzgrotte. Ich möchte «Kraft und Gesundheit tanken mit einer Brise Salz».

Oben im Laden gibt es Salzlampen, Salzklumpen zum Hinstellen, Klangschalen und Bilder von Engeln. Man kann sie kaufen. Die Engelmalerin macht auch Meditationen mit Engeln in der Salzgrotte. Sogar mit Erzengeln. Man kann auch Karten und Kissen mit Heilzeichen drauf kaufen, es liegen Flyer für *Heilzeichenkurse* und *Persönliche Lichtwesenbilder* und *Herzensöffnung* aus.

Ich glaube nicht an Engel und Lichtwesen und Heilzeichen, ich glaube an Salz. Salzhaltige Luft ist gut bei Atemwegs- und Hauterkrankungen, Menschen werden schon seit undenklichen Zeiten zur Kur ans Meer geschickt, warum also nicht auch in die Salzgrotte, wenn gerade kein Meer in der Nähe ist. Allerdings bin ich gesund, ich brauche keine Kur, ich bin nur neugierig. Und so ein Tag am Meer schadet einem Gesunden ja auch nicht. (Zweitens hatte ich die Hoffnung gehegt, hier eine Salzmühle kaufen zu können, aber das ist offenbar zu prosaisch.)

Als ich ankomme, warten bereits fünf alte Damen. Wir bekommen Plastiküberschuhe über unsere Schuhe, denn auf dem Boden der Grotte liegt Salz, das unsere Schuhe kaputt machen würde. Dann kriegen wir jede zwei Decken und werden in den Keller geführt, wo aus tonnenweise Salz aus dem Himalaja und dem

Toten Meer eine Grotte gebaut wurde. 16 Tonnen Salzbrocken vom Fuße des Himalajas und 5,5 Tonnen aus dem Toten Meer. Es ist ziemlich dunkel, die Decke ist recht niedrig, und es hängen Stalaktiten herunter, ich muss aufpassen, dass ich mir nicht den Kopf stoße. Das Salz wurde nämlich zum Teil mit Bauschaum vermischt, aus dem dann die Grotte modelliert wurde. Die Beleuchtung ist schummrig – da fällt es auch fast gar nicht auf, dass der Bauschaum aussieht wie Bauschaum. Ein wenig Licht kommt hinter den Salzwänden hindurch, wie bei einer Salzlampe, und es stehen sechs oder sieben Liegestühle herum. Wir setzen uns, kippen die Liegen nach hinten, wickeln uns in die Decken ein, und die Chefin wünscht mir und den versammelten alten Damen gute Erholung und «schöne Träume».

Die Dame im Liegestuhl neben mir hat einen guten Grund, hier zu sein. Sie hat irgendwas mit den Atemwegen. Der Weg die Treppe herunter hat sie angestrengt, bei jedem Ausatmen streift die Luft irgendwie ihre Stimmbänder, und sie stößt mit jedem Atemzug einen Laut aus. Es läuft Entspannungsmusik, Synthesizergewaber mit Panflöte. Zwischendrin rasselt der Atem meiner Nachbarin.

Ich schließe die Augen und höre jetzt erst so richtig, dass außerdem irgendwo Wasser plätschert, das hatte ich beim Reinkommen gar nicht bemerkt. Hoffentlich muss ich gleich nicht aufs Klo, wir sollen hier eine Dreiviertelstunde liegen bleiben. Musik und Beleuchtung, habe ich vorher im Internet gelesen, erhöhen das Wohlbefinden. Ich frage mich immer, woher diese Legende mit der Musik kommt, ich würde Stille viel entspannender finden als dieses Gedudel. Es könne sein, hatte die Chefin erklärt, dass man heute Nachmittag hustet (meine Nachbarin hustet jetzt schon), dass man ein Kribbeln auf der Haut spürt oder dass man öfter zur Toilette muss, weil die Lymphe angekurbelt würde. Ich lecke mir über die Lippen und stelle fest: Schmeckt überhaupt nicht salzig. Das hätte ich erwartet, ist aber nicht so. Man riecht auch nichts. Na gut, dass Salz nicht großartig riecht, weiß man eigentlich auch so. Die Luft hier soll aber trotzdem total gesund sein. Meine Nachbarin fiept. Ich mache die Augen zu und dämmere weg.

Huch! Mein Mund steht offen. Habe ich geschlafen? Habe ich am Ende gar geschnarcht, so wie meine Nachbarin? Immerhin habe ich nicht gesabbert. Besonders warm ist es nicht, ich bin froh, dass ich die Decken habe. Und so liege ich da herum, eine Dreiviertelstunde lang. Zum Glück muss ich nicht aufs Klo, trotz des Geplätschers. Nach der Dreiviertelstunde schlägt die Chefin oben einen Gong an, erst leise, dann lauter. Wir rappeln uns auf, ich sehe zu, dass ich als eine der Ersten die Treppe hochkomme.

Mehr gibt es nicht zu berichten. Ich huste auch am Nachmittag nicht, meine Haut kribbelt nicht, ich habe mich bestimmt total entspannt und tolle Salzluft geatmet, «so wertvoll wie zwei, drei Tage am Meer». Das sagt jedenfalls die Webseite. Ich fühle mich auch schon ganz erholt. Außer dass ich lieber die Wellen hätte rauschen hören statt der Entspannungsmusik und lieber die Sonne als das Salzlampenlicht gesehen hätte. Aber sonst, unbedingt entspannend. Dochdoch.

Schwarzlichtviertel

Mit Schwarzlicht beleuchtetes Indoor-Minigolf ist eine so sensationell bescheuerte Idee, dass ich da selbstverständlich hinmuss. Wir sind zu fünft und pünktlich. Pünktlich ist wichtig, man muss sich nämlich vorher anmelden und bekommt einen Termin mit genauer Uhrzeit, und die Uhrzeit ist nicht etwa so was Primitives wie «Viertel nach zwei», nein, die Uhrzeit, zu der wir unseren Minigolftermin haben, lautet 14:18 Uhr. Ja, das meinen die ernst.

Um haargenau achtzehn Minuten nach zwei betreten wir also einen winzigen Raum, der innen aussieht wie ein U-Boot. Beziehungsweise so, wie ein kleines Kind sich ein U-Boot vorstellt. Die ganze Kammer schwankt und wackelt, an den Bullaugen ziehen Filmfische vorbei, und ein alberner «Käpt'n» auf einem Bildschirm erklärt uns die Minigolfregeln. Joho, und 'ne Buddel voll Rum. Manche von uns amüsieren sich, andere finden das total doof und kriegen schlechte Laune.

Das U-Boot befördert uns in die erste von drei «Erlebniswelten». Ich weiß nicht, ob die so heißen, das habe ich mir gerade ausgedacht, aber solche Sachen heißen ja immer so. Die erste Erlebniswelt ist eine Unterwasserwelt. Alles mit Schwarzlicht beleuchtet und in grellen Neonfarben bemalt. Wilde Unterwasserphantasien mit Haien und Kraken und Schiffswracks und Neptun und Nessie und quietschbunten Fischen. Die schlechte Laune ist sofort weg, denn das ist wirklich vollkommen irrwitzig. Alles so schön bunt hier! Der reinste LSD-Trip. Und ich trage eine Art Tarnkleid, nämlich weißgrundig mit knallbunten Blumen drauf, gute Wahl. Wir spielen die ersten paar Bahnen, die Augen gewöhnen sich langsam ans Halbdunkel.

Am Ende der Unterwasserwelt tritt man durch eine Art Stargate über einen kleinen Strand (der ist ebenfalls eine Bahn, der Ball muss in eine Schatzkiste) in den Dschungel. Grellbunte Papageien, neonfarbene Riesenspinnen, Dinosaurier, Vulkane, geschnitzte Monsterstatuen wie von der Osterinsel. Was man im Dschungel halt so erwartet. Wahrscheinlich haben die Designer wirklich irgendwas eingeworfen. Übrigens liege ich mit noch jemandem zusammen in Führung. Ich! Beim Minigolf! Aber Dinge ändern sich, und Minigolf ist Minigolf. Wobei die Bahnen hier teilweise wirklich speziell sind, nicht nur optisch.

Aus dem Dschungel geht es in einen Tunnel, eine runde Röhre, die man auf einer leicht geneigten Brücke durchquert, und an den Wänden bewegen sich bunte Querstreifen im Kreis um einen herum. Wenn man auf der Brücke stehen bleibt, bekommt man schnell das Gefühl, dass die Streifen sich nicht bewegen, sondern stillstehen, während man selbst sich unablässig dreht. Sehr sonderbar, und es dauert danach eine ganze Weile, bis ich das leichte Schwindelgefühl wieder los bin.

Wir betreten als Letztes eine Fabrikwelt oder so was, in der die Gestalter dann vollends kindisch geworden sind. Das ist aber nicht der Grund, warum ich in rasanter Geschwindigkeit plötzlich hinten liege und schließlich spektakulär verliere, denn ich habe ja gar nichts gegen solche Kindereien. Der Grund ist eher der Schwindeltunnel. Danach kann man ja gar nicht mehr geradeaus schlagen, und die anderen sind da viel schneller durchgegangen als ich, denen ist gar nicht schwindelig. Doch, doch, daran liegt es.

Und während wir drinnen im Schwarzlicht kleine Neonbälle in Löcher schubsen, ist draußen herrliches Wetter. Dort vor der Tür sitzen wir dann noch anderthalb Stunden mit selbstgebackenem Möhrenkuchen in der Sonne, auf einer Treppe zwischen einem Fitnessstudio, Deichmann und Rewe. Das ist sehr gemütlich und nett, da an der großen Straße, mit dem Kuchen.

Siebenmeilenstiefel

Samstag

Ich gehe extra schon einen Tag vorher in den Laden, der die Siebenmeilenstiefel verkauft, um die Dinger erst mal auszuprobieren. Siebenmeilenstiefel heißen auch Powerizer oder Springstelzen; das sind diese Dinger, wo man eine große Feder unter den Füßen hat und auf denen man dann ziemlich große Sprünge machen kann. Wenn man es kann.

Der nette Mann im Laden schnallt mir die Teile an und nimmt mich an die Hand. Mit den Dingern bin ich ganz schön riesig, völlig neue Perspektive und ein bisschen beängstigend. An der Wand ist eine Stange, wie beim Ballett, an der man sich festhalten und die ersten Schritte versuchen kann. Dann geht es schon mit nur einer Hand und dann ohne, man kriegt die Bewegung schnell raus. Man darf nur nicht stehen bleiben, dafür ist die Trittfläche zu klein, sondern muss, wie früher beim Stelzenlaufen, das Gewicht permanent von einem Bein aufs andere verlagern. Und wer gehen kann, kann auch ein bisschen laufen und dann ein bisschen hüpfen, jippie! Das macht Spaß!

Jetzt hinfallen, sagt der freundliche Herr. Wie, hinfallen, sage ich. Nach unten, sagt er, nicht irgendwohin, keine Judorolle oder so was, nicht vorwärts, nur runter, fallen lassen, auf die Knie, schön langsam. Die Siebenmeilenstiefel sind gut 40 cm hoch. Ich bin 1,82. Mein Kopf befindet sich in mehr als 2,20 m Höhe, und ich soll mich fallen lassen. «Nach unten». Is klar.

Luftholen.

Ich trage weiche Knieschoner, direkt unter den Knieschonern

ist ein gepolsterter Metallbügel, was soll schon passieren? Ich lasse mich fallen, auf die Knie, Hände, Bauch, und liege, platsch!, bäuchlings in voller Länge im Laden.

Aua. Aber okay. Ging eigentlich. Der Mann hilft mir auf. Dann übe ich beidbeiniges Hüpfen. Dafür muss man erstaunlicherweise die Knie durchgestreckt lassen, die Federung kommt aus den Schuhen, nicht aus den Knien, es dauert einen Moment, bis ich das hinkriege, aber dann geht auch das. Und noch einmal hinfallen, bitte. Diesmal kriege ich dabei einen etwas übleren Stoß in den Rücken, aua. Ich hüpfe noch ein bisschen im Laden herum, am liebsten würde ich die Dinger gleich anbehalten. Aber der große Gruppenausflug ist erst morgen.

Sonntag

Schon als ich auf den Laden zugehe, sehe ich vor mir ein paar junge Leute mit geschulterten Siebenmeilenstiefeln. Insgesamt ist die Gruppe am Ende ungefähr dreißig Leute stark, darunter Profis und absolute Anfänger (noch anfängeriger als ich, also solche, die nicht schon gestern im Laden waren und geübt haben), im Alter zwischen 15 und 55, schätzungsweise. Wir gehen los, ich muss daran denken, immer schön die Knie zu heben. Die Straße ist nicht so eben wie der Boden im Laden, aber es geht, ganz gut sogar, erstaunlich gut, tirili! *stolper* Man darf sich nur nicht kurz mal nicht konzentrieren.

Wir gehen an die Alster, die jungen Hüpfer machen unfassbar hohe Sprünge und Kunststückchen, die Anfänger sind noch im Laden und tun das, was ich gestern schon gemacht habe. Ich trappel ein bisschen abseits der anderen vor mich hin. Gehe, laufe ein bisschen, hüpfe. Setze mich mal kurz, das ist nämlich ungeheuer anstrengend. Der Herr im Laden hatte gesagt, man wäre insge-

samt etwa drei Stunden unterwegs, da fange ich lieber rechtzeitig mit dem Pausemachen an. Jemand anders sagt, drei Stunden sei ja wohl Quark, es würden meist eher so vier bis fünf oder auch schon mal sieben. Sehr witzig.

Sollen sie doch sieben Stunden siebenmeilenspringen. Mir werden die drei schon reichen, hü-hüpf, es ist herrlichstes Wetter, blauer Himmel und Sonnenschein, die Alster glitzert, und es macht großen Spaß. Dann gehen wir weiter zum Rathausmarkt, und das ist eine. verdammt. lange. Strecke. Unterwegs kaufen wir uns ein Eis, ich muss mir Geld leihen, meins liegt im Laden. Wir gehen zwar langsam, aber das ist anstrengend genug, ungewohnte Bewegungen, ungewohntes Balancehalten. Am Rathausmarkt legen die jungen Burschen erst richtig los. Haben die eine Energie! Verschiedene Fotografen werfen sich ihnen zu Füßen. Ich mache mal wieder Pause, liege auf einem breiten, hohen Brückenpfeiler, von dem ich auch gut wieder runterkomme. Denn sonst ist Aufstehen natürlich so eine Sache.

Und dann hüpfe ich noch ein bisschen auf dem Rathausmarkt herum, renne ein paar Schritte, mache wieder Pause. Ich wurde noch nie in so kurzer Zeit so oft angeguckt, angesprochen und fotografiert. Die jungen Hüpfer hüpfen kleine Choreographien, hier und da einen Salto, meterhohe Sprünge, Schrauben, Kunststücke. Alles sieht total leicht und einfach aus, wie schwerelos, während mir schon jeder Muskel wehtut. Dabei bin ich gar nicht so viel gesprungen, sondern hauptsächlich gegangen. Erstaunlicherweise spüre ich vor allem meine Bauchmuskeln. Oh, und den Rücken. Und die Beine. Und eigentlich alles. Überhaupt, mein Rücken. Wo ich gestern beim Fallen den Stoß bekam. Das fühlt sich jetzt nicht mehr so richtig gut an. Aber ein kleines bisschen kann ich doch noch rumhüpfen, denn hey: Das macht Spaß!

Vom Rathausmarkt aus kann man die Türme der Mundsburg sehen. Da in der Nähe ist der Laden, zu dem wir zurückmüssen.

Verdammt weit weg. Unfassbar weit weg. Unmöglich. Die Dinger an meinen Füßen sind inzwischen ganz schön schwer. Die Cracks gehen noch weiter in die Hafencity, wir Anfänger kehren um und gehen zum Laden zurück.

Am Ende waren wir knapp fünf Stunden unterwegs. Wenn ich es richtig mitbekommen habe, bin ich von den Anfängern die Einzige, die die komplette Zeit auf Siebenmeilenstiefeln verbracht hat; alle anderen haben zwischendurch getauscht, weil sie sich mit den Schuhen abwechseln mussten, und sind ein Stück zu Fuß gegangen. Also, auf ihren eigenen Füßen. In meiner Gewichtsklasse war ich die Einzige mit Leihschuhen und konnte sie anbehalten. Und gefallen bin ich auch nicht.

Ich platze vor Stolz. Und bin heilfroh, dass ich den Heimweg noch heil überstehe, obwohl meine Beine jetzt doch ganz schön schwer sind und ich sie kaum noch genug anheben kann, um nicht zu fallen.

Als wir wieder im Laden sind, lassen alle alles fallen, alle sind fix und fertig. Ich schaffe es irgendwie aus den Schuhen raus, ziehe mir ein frisches T-Shirt über und gehe. Erst im Bus fällt mir ein, dass mir unterwegs zwei Leute ein bisschen Geld geliehen haben, damit ich mir ein Eis und ein Getränk kaufen konnte. Falls ihr das hier lest, ihr beiden: Tut mir leid, das wollte ich euch doch im Laden wiedergeben! Total vergessen! Die Erschöpfung!

Zu Hause trinke ich mehrere große Gläser Apfelschorle. Dann falle ich ins Bett, schlafe eine Stunde wie ein Stein und wache mit Kopfschmerzen wieder auf. Man kann doch keinen Sonnenstich kriegen, bloß weil man sich mal fünf Stunden in der Aprilsonne auf ungewohnte Weise bewegt? Nachts federt jedenfalls mein Bett, und für den Rest der Woche habe ich den Muskelkater aus der Hölle. Aber: ganz großer Spaß.

Spinning

Ein paar Freundinnen schwärmen immer wieder davon, und irgendwann hat eine mich so weit. Komm doch mal mit, ist toll. Na gut, sage ich, wenn du meinst. Die Tante in der Muckibude sagt, es gibt es nur Leute, die es lieben, und solche, die es hassen, dazwischen gibt's nichts. Ich finde die Idee ein bisschen befremdlich, mich in einer Halle auf ein Fahrrad zu setzen, das nicht fährt, denn wenn ich Fahrrad fahren will, kann ich ja Fahrrad fahren, aber ich bin dennoch guter Dinge und voll des guten Willens, und dann sitze ich auf diesem Rad, die Füße festgeschnallt, Konsensmusik brüllt aus den Lautsprechern, und darüber schreit, krakeelt, kreischt eine Trainerin uns an, und manchmal kreischen die sechs Damen, die da aufgereiht auf den Fahrrädern sitzen, auch etwas mit, ich weiß nicht mehr, was, es ist anstrengend, ich schwitze, aber dafür bin ich ja da, das ist in Ordnung, aber dieser Lärm dabei, und wie unsagbar verbissen die beiden Trullas ganz rechts den, haha, Berg raufstrampeln, ja, ihr seid toll, aber wisst ihr was, das ist mir so was von egal, ich mach jetzt einfach kurz Pause, denn das Schlimme ist überhaupt nicht die Anstrengung, sondern die Haltung, ich kriege Rückenschmerzen, ja, ja, Fahrrad falsch eingestellt, wird es da heißen, die Trainerin hat mir extra dabei geholfen, es sollte also eigentlich richtig sein, aber irgendwie passt mir das alles nicht, bescheuerte Haltung, und noch viel schlimmer ist, dass die Füße so feststecken in diesen Schlaufen, dass man überhaupt keine Möglichkeit hat, sich auch nur eine Winzigkeit in eine andere Richtung zu bewegen, immer nur weitertreten, im Kreis, im Kreis, weiter, immer die eine Richtung, ich möchte meine Beine mal kurz strecken, kurz zur Seite drehen, geht nicht, weitertreten, los, reiß dich zusammen, mach die Ohren einfach zu, ignorier das Geplärr, die Trainerin ist genauso verbissen wie die beiden ganz rechts, ich frage mich, ob das wirklich gesund sein soll, eine ganze Stunde lang in der immergleichen Körperhaltung die immergleiche Bewegung auszuführen, ich fühle mich unglaublich eingesperrt in diesen Fußschlaufen, nicht mal einen Zentimeter nach rechts oder links oder vorne oder hinten kann ich den Fuß schieben, Tretmühle, Laufrad, Galeere sind die Vokabeln, die mir durch den Kopf schießen, ich möchte meinen Rücken mal gerade machen, mache ich auch einfach, natürlich packt mich auch der Ehrgeiz, klar fahre ich weiter, es ist immer noch nicht die Anstrengung, die mich nervt, sondern das Eingesperrte, ich kämpfe, nicht gegen den «Berg» oder meinen Körper, sondern gegen dieses Gerät, das mich festhält, einfach festhält, ich habe das Gefühl, ich kann mich überhaupt nicht wirklich bewegen, ein Albtraum, festgeschnallt mit nur einer einzigen Bewegungsmöglichkeit, und die führt nirgendwo hin, der reine Horror, und dann der Lärm, die Trainerin kreischt ja nicht nur so, sondern ist über ein Headsetmikro mit der Anlage verbunden, wie idiotisch ist das denn eigentlich, sollen sie die Musik halt nicht so laut machen, dann müsste das Gekreisch nicht auch noch verstärkt werden.

Ich werde immer wütender, was mache ich hier eigentlich, warum kann ich meine Füße nicht bewegen, meine Beine auch nicht, nur immer rund, warum bin ich in diesem Gerät eingesperrt, ich habe doch mein eigenes Fahrrad, damit kann ich durch den Wald fahren und die Vögel zwitschern hören. Es dauert ewig, bis die Stunde vorbei ist.

Na, hat's dir Spaß gemacht, fragt die Trainerin mich hinterher, ich schaue sie fassungslos an und sage nein, grässlich, da ist sie beleidigt, und ich gehe in die Sauna und muss mich zwingen, langsam von meiner aufgestauten Wut wieder runterzukommen. Ich bin stocksauer, nicht auf die Trainerin, sondern auf diese ganze

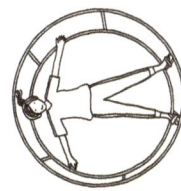

bescheuerte Fahrradfahrerei, dieses albtraumhaft Eingesperr-te, entsetzlich, und da heißt es immer, Sport würde Endorphine freisetzen und glücklich machen, und man könne sich seine Wut vom Leib strampeln, ha, genau das Gegenteil ist passiert, ich war gut gelaunt angekommen und werde jetzt für den Rest des Tages diese Wut nicht mehr richtig los. Drüber lachen kann ich erst am nächsten Tag wieder.

Vielleicht hatte die Frau am Empfang der Muckibude recht, und es gibt nur zwei Reaktionen auf Spinning, keine dazwischen. Puh, ich kriege schon Puls, wenn ich nur dran denke.

Jetzt schreckt sie vor nichts mehr zurück

Ich war auf der Lebensfreudemesse und bin stundenlang auf Siebenmeilenstiefeln durch Hamburg gestakst. Was soll mich noch erschrecken? Welche crazy Funsportart kann da noch kommen? Kann ich noch einen draufsetzen?

Man hat mir ein Angebot gemacht, das ich nicht ausschlagen konnte. Etwas, das auf eine ganz spezielle Weise etwas ganz Spezielles werden würde, das war mir klar. Ich hatte grauenhafte Geschichten darüber gehört, wirklich schrecklich. Aber ich wollte es tun, aus Liebe und um mich in eine Extremsituation zu begeben. Der Nervenkitzel, Sie verstehen schon. Und so war ich heute Morgen – Regie! Kann ich bitte einen Ton haben? Eine adäquate Spannungsuntermalung, so einen sehr tiefen Bass, rhythmisch, vielleicht so ähnlich wie Herzschlag? Padum-padum-padum, so was? Vielleicht erst langsam, dann immer mehr beschleunigend? Danke!

Also, heute Morgen – padum – padum – padum – war ich – padum-padum-padum – beim – padumpadumpadum – tief Luft holen – Babyschwimmen.

Es gibt diese abgefahrene Sportart für verschiedene Altersgruppen, ich habe die Gruppe «ungefähr ein halbes Jahr» ausprobiert. Wer kein eigenes Sportgerät besitzt, muss sich eines ausleihen, das der jeweiligen Altersgruppe entspricht, es dürfte ja nicht weiter schwierig sein, so eines zu finden. Mein Leihgerät heißt Johann, ist sieben Monate alt und sehr aktiv. Er weiß genau, was er will, kann schon krabbeln und versucht das auch im Wasser. Und zwar pausenlos. Man muss ihn die ganze Zeit mit zwei Händen festhalten, logisch, sonst geht er unter.

Es sind sieben Mütter mit Kindern da – also, sechs Mütter und eine Patentante, nämlich ich, die dazugehörige Mutter läuft voll angezogen ums Becken herum und macht Fotos. Wir stellen uns im Kreis auf und singen ein klitzekleines Lied, das ungefähr zehn Sekunden dauert: Ha-ha-ha, wir sind heut alle da. Oder so ähnlich. Dann stellen wir uns reihum vor, alle Mütter (und Patentanten) sagen, wie sie heißen und wie ihre Sportgeräte heißen. Wir sind Lisa und Lena, sagen die Mütter beispielsweise, und ich weiß immer noch nicht, wer die Mutter und wer das Kind ist.

Mein Haargummi rutscht, ich müsste es mal neu reintüdeln, aber ich kann Johann ja nicht kurz mal loslassen.

Nach dem gemeinsamen Lied passiert eigentlich gar nichts mehr. Eine halbe oder Dreiviertelstunde, schätze ich, planschen wir mit dem jeweiligen Kind herum. Es treiben drei unterschiedlich feste Matten im Wasser umher, auf die man die Kinder legen kann, meins fängt auf jeder Matte sofort an zu robben und rutscht dann natürlich, platsch, mit dem Kopf voran ins Wasser. Ein paar Mal taucht er kurz unter, das scheint ihm aber nichts auszumachen. Ich fische ihn wieder raus, er hustet, strahlt mich an und bäuert gelegentlich einen Schwall Chlor wieder hoch. Kann mir bitte jemand mein Haargummi wieder festmachen, während ich das Kind festhalte?

Die Kursleiterin kommt zu mir und sagt, dass ich diesen einen Handgriff schon ganz toll mache. Äh – welchen Handgriff? Sie zeigt mir noch mal, was ich gemacht habe und dass das richtig war, und ich überlege kurz, ob man das Kind auch irgendwie anders und falscher hätte anfassen können, nun ja. Überhaupt ist mir nicht ganz klar, was jetzt hier der «Kurs» ist. Die drei Matten, die da rumschwimmen? Dass man sich vorher vorstellt? Dass man am Anfang und am Ende ein Liedchen singt? Es kommt mir vor, als könne man die ganze Sache ebenso gut allein mit dem

Kind im Schwimmbad machen. Aber ich versteh ja auch nichts davon. Wobei, meine Handgriffe sind schon ziemlich gut!

Wohl verstehe ich etwas vom Terminehaben, ich tu ja auch nichts, wenn ich keinen Termin habe, insofern hat so ein Babyschwimmkurs sicher seinen Sinn. Damit man halt auch wirklich hingeht. Aber insgesamt bin ich doch enttäuscht. Ich hatte mir etwas Spektakuläreres vorgestellt, ich wollte peinliche Lieder singen, peinliche Spielchen spielen und mich überhaupt gehörig zum Obst machen. Hat nicht geklappt.

Das quietschvergnügte Kind jedenfalls würde ich jederzeit wieder mit ins Wasser nehmen, es hatte unglaublichen Spaß, und ich auch, es hat gelacht und in Plastikfische und ins Wasser gebissen und wollte am liebsten ganz allein schwimmen, es war die ganze Zeit sehr beschäftigt und hat richtig gearbeitet. Und hinterher waren wir beide erschöpft und glücklich und hatten Hunger.

Bootfahren

Ich hab kein knallrotes Gummiboot. Ich habe nur einen Knall. Aber als Erstes hat Frank einen Knall.

Eines schönen Sonntags im September ruft Frank an und fragt, ob wir schon was vorhaben, er habe seiner Liebsten nämlich zum ersten Hochzeitstag ein Boot geschenkt, und ob wir mitfahren wollen. Du hast einen Knall, sagen wir, ein Boot? Nichts Besonderes, nichts Großes, sagt er, nur so ein kleines Plasteboot. Frank kommt aus dem Osten. Blöde Frage, natürlich wollen wir mit.

Das Boot heißt «Tante», ist vier Meter lang und hat ein kleines Verdeck, das wir aufmachen, denn die Sonne scheint, es ist warm, und wir schippern stundenlang auf der Bille und irgendwelchen Kanälen herum. Frank freut sich so über sein Boot, dass er vor lauter Glück nur noch lacht, seine Liebste auch, und wir lachen mit. Kinder, ist das herrlich. Wie geht das, dass Wasser und Sonne einen immer sofort so glücklich machen? Die Tante hat einen 5-PS-Motor, soll aber möglichst bald einen stärkeren bekommen, das ist klar, denn mit 5 PS traut man sich zum Beispiel nicht in den Hamburger Hafen. Wenn ein großes Schiff einen Sog verursacht oder Wind und Strömung und Wellen sind, dann kommen 5 PS nicht dagegen an, da schwimmt man fast besser selbst.

Für einen stärkeren Motor braucht man aber den Sportboot-führerschein, und den, sagt Frank, will er machen, und jetzt kommt die Stelle, wo ich zum ersten Mal einen Knall habe: Ich sage, da mache ich mit. Und um das zu bekräftigen, fahre ich gleich auch mal ein Stück mit dem 5-PS-Boot und finde es super und will erst recht mitmachen. Was man halt so sagt, wenn man ganz besoffen ist von Wasser und Sonne.

Zwei Wochen später kommt eine Mail von Frank, es gebe da einen Kompaktkurs, drei ganze Tage, Samstag – Sonntag – Samstag im November, er wolle sich jetzt anmelden, ob er mich mit anmelden soll? Ich bin immer noch bootsglücklich und nicht ganz zurechnungsfähig und sage ja, soll er, bitte. Und dann freue ich mich, und zwischendurch hat Frank Geburtstag, und wir schenken ihm eine Shanty-CD, und seine Frau schenkt ihm eine Kapitänsmütze, und dann wird es November, und Frank und ich sitzen in der Yachtschule.

Mit uns ein Haufen junge Leute, die sagen, sie segeln schon, seit sie «so klein» waren, oder ein Bootsführerschein würde «in meiner Familie so erwartet». Bootsbesitzer, Reedereiangestellte, Angler, lauter Leute, die schon länger Boot fahren und große Bescheidwisser sind. Und ein Zahnarzt. Wir werden drei Tage lang von morgens bis abends zugetextet mit Kollisionsverhütungsregeln, Seeschifffahrtsstraßenordnung, Emsschifffahrtsordnung, Betonnung, Lichterführung, Schallsignalen, Leuchtfeuern und Verkehrstrennungsgebieten, mit Steuerbordbug vor Backbordbug, oder war's umgekehrt?, und mit «Ich wunder mich, dass ihr immer noch keine Pause wollt». Doch, wollen wir, es sagt nur keiner, ich kann nicht mehr. Am meisten Spaß machen die Navigationsaufgaben, da muss man mit zwei Geodreiecken, Verzeihung: Kursdreiecken und Zirkel hantieren und Bleistiftstriche in Karten malen und Winkel messen, das ist produktiv, das kann man verstehen, statt es nur auswendig zu lernen, super. Der Zahnarzt steigt aus, kurz vorm Verzweifeln, er kommt nicht mehr mit.

Abends kann man über unseren Köpfen kleine Rauchwölkchen sehen. Himmel, ist das viel Stoff! Ich bin plötzlich nicht mehr so sicher, was genau will ich eigentlich mit einem Sportbootführerschein? Habe ich 'n Knall? Das ganze Zeug lernen, wenn ich mir, mal ehrlich, wahrscheinlich nie im Leben ein Boot kaufen werde?

Und wenn doch, dann frühestens irgendwann, wenn ich den ganzen Stoff eh schon vergessen habe?

Nach den drei theoretischen Unterrichtstagen bekommt man eine praktische Fahrstunde (ja, genau: eine), und ansonsten muss man halt lernen. Sich den Prüfungsstoff irgendwie in den Kopf schaffen, wie macht man so was noch mal? Ist man ja gar nicht mehr gewohnt.

Ich schiebe, wie es so meine Art ist, das Lernen erst mal vor mir her. Bis zur praktischen Fahrstunde besteht meine einzige Vorbereitung darin, mir die App mit den Prüfungsfragen runterzuladen und mir die wärmste lange Unterhose von ganz Hamburg zu kaufen. Oder zumindest die teuerste, denn viel hilft viel, das weiß man ja. Meine Fahrstunde findet am kältesten 1. Dezember seit Beginn der Wetteraufzeichnungen statt. Minus acht Grad und Windstärke vier, man könnte meinen, ich hätte einen Knall. Das Übungsrevier wurde verlegt, weil die Bille schon *Eisgang hat*, wie wir Seefahrer sagen.

Aber die Sonne scheint! Und die Bootskabine ist geheizt! Wir sind zu zweit mit dem Lehrer und fahren zwei Stunden lang im Kreis und üben Boje über Bord und anlegen und noch mal Boje über Bord – «Boje über Bord an Backbord!», ruft der Lehrer, und dann muss der Fahrzeugführer antworten: «Boje über Bord an Backbord!» (zeigen, dass man es verstanden hat), «Rettungsmittel auswerfen, Ausschau gehen!», gleichzeitig auskuppeln, das Ruder hart nach Backbord einschlagen, dann einen Kreis fahren, auf die Boje zu, schön langsam, kurz vor der Boje wieder auskuppeln, nach steuerbord lenken, dann Rückwärtsgang zum Anhalten, damit die Boje an Backbord wieder reingeholt werden kann. Wenn die Boje ein Mensch wäre, wäre sie schon längst erfroren.

Dann anlegen. Mit dem Wind, gegen den Wind, mit der Strömung, gegen die Strömung, steuerbord anlegen, backbord anlegen, ich stelle mich, wenn ich ehrlich bin, nicht so rasend geschickt an, aber es ist auch wirklich viel Wind und viel Strömung, dazu ein paar Eisschollen, das, sagt der Lehrer, seien schon verschärfte Bedingungen. «Boje über Bord an Backbord!» – Huch, was muss ich darauf noch mal sagen? «Boje über Backbord an Bord, Rettungs-, äh, -dingsbums auswerfen, und, hier, was war noch? Gucken!» Ach ja, und auskuppeln, und wie rum soll ich jetzt umdrehen?

Die Sonne scheint, und das Wasser glitzert, und dann kommt ein größeres Schiff vorbei und macht richtige Wellen, und ist! das! herrlich! Das macht SO einen Spaß! Knall hin oder her, Bootfahren ist super. Und wenn's beim Anlegen ein bisschen rumpelt, egal, Übungssache, ich hoffe, die Prüfer sehen das auch so. Wann muss ich noch mal in den Rückwärtsgang schalten? Kann ich, bitte, noch ein bisschen länger üben und noch ein bisschen öfter, nicht weil ich solche Angst vor der Prüfung hätte, sondern weil das so einen Spaß macht, und ein anderes Boot habe ich ja zufällig nicht zur Verfügung?

Zwei Tage vorher fange ich endlich an, für die theoretische Prüfung zu lernen. So gegen Abend. Und frage mich, ob ich eigentlich einen Knall habe. Das Einzige, was ich schon kann, sind die Knoten, vielleicht hätte ich lieber einen Makrameeschein machen sollen. Sportbootführerschein, ich meine, echt jetzt mal. Das ist verdammt viel Stoff, ich hätte längst anfangen müssen. Und was man da auswendig lernen muss! Zum Beispiel, dass ein Blitz kürzer als zwei Sekunden lang ist. Ach was. Im Gegensatz zu einem Blink übrigens, der ist länger als zwei Sekunden. Und man darf nie «rechts vor links» sagen oder «Vorfahrt», obwohl es stimmt, sondern muss immer vom «Kurshalter» sprechen, der von Steuerbord kommt, und vom «Ausweichpflichtigen», der von Backbord kommt. Sollte ich je mit Franks kleinem Plasteboot im Hamburger Hafen einem 120 000-TEU-Containerschiff begegnen, und das ist ausweichpflichtig und weicht mir trotzdem einfach nicht

aus, dann weiß ich jetzt, dass ich fünf kurze Signaltöne geben muss, um den Kapitän darauf hinzuweisen. Falls er meine kleine Tröte aus unerfindlichen Gründen nicht hören sollte, zwanzig Meter über mir auf seiner geschlossenen Brücke, dann muss ich das *Manöver des letzten Augenblicks* fahren. Das heißt wirklich so, und dieser poetische Ausdruck versöhnt mich gleich wieder mit der christlichen Seefahrt. Es gibt übrigens ein ganzes Buch über die Poesie der Beaufort'schen Windstärkentabelle, vielleicht sollte ich es mal lesen, zwischendurch, statt mich über die Beknacktheit der Fragen aufzuregen. Zum Beispiel über *Was bedeutet dieses Zeichen?* Ankerverbot. Richtig. *Wie haben Sie sich zu verhalten?* Äh, ich darf nicht ankern? Auch richtig, wer hätte das gedacht. Oder hier: *Was bedeutet «manövrierunfähig»?* Na, dass das Ding nicht manövrieren kann. Stimmt inhaltlich zwar, logisch, dummerweise muss es irgendwie komplizierter formuliert werden. Sensationell auch diese Frage: *Wie haben Sie sich beim Befahren von Naturschutzgebieten und Nationalparken zu verhalten?* – Keine Ahnung, besonders vorsichtig wahrscheinlich, aber was mich jetzt mal interessiert, ist: heißt es nicht *Nationalparks?* Die richtige Antwort lautet jedenfalls: *Befahrensregelungen beachten (örtliche Befahrensverbote, zeitliche Befahrensbeschränkungen, festgesetzte Höchstgeschwindigkeiten und dergleichen).*

Mannmannmann! Das heißt doch nur, ich muss mich an die Regeln halten, aber das muss ich überall anders doch auch! Ehrlich, so was kann man doch nicht lernen, wie soll man sich so einen Quatsch merken? *Wie können Sie mithelfen, die Lebensmöglichkeiten der Pflanzen- und Tierwelt in Gewässern und Feuchtgebieten zu bewahren und zu fördern?* Korrekte Antwort: *Indem ich mich umweltbewusst verhalte und hierbei insbesondere die «Zehn goldenen Regeln für das Verhalten von Wassersportlern in der Natur» beachte, die von den Wassersportverbänden und dem Deutschen Naturschutzring erarbeitet wurden.* Übersetzt heißt das ungefähr: Ich verhalte mich umweltgerecht, indem ich mich umweltgerecht verhalte. Was die «Zehn goldenen Regeln» beinhalten, wird dann nicht weiter geprüft, ich nehme an, so was wie das, was in einer weiteren Frage abgefragt wird, nämlich, dass man seinen Müll mitnehmen und an Land vorschriftsmäßig entsorgen soll, statt ihn ins Wasser zu werfen. Nein, das denke ich mir alles nicht aus, das steht ganz im Ernst in den Prüfungsbögen. Ich kann mich gar nicht erinnern – wurde man beim Autoführerschein auch gefragt, ob man seinen Müll aus dem Fenster werden darf?

Schlimme Themen auch: Lichterführung und Tonsignale. *Welche Lichter muss ein manövrierbehindertes Fahrzeug von über fünfzig Metern Länge führen, und wie wird angezeigt, an welcher Seite Sie es passieren dürfen? Was für ein Fahrzeug sehen Sie hier?* (Merksatz: Weiß über rot – Lotsenboot; rot über weiß – Fischerscheiß.) *Welche Lichter müssen Sie führen, wenn Sie die vorgeschriebenen Lichter nicht führen können?* Äh, wie bitte? Was ist vorgeschrieben für den Fall, dass das Vorgeschriebene nicht geht? Was ist das denn für eine Frage? *Was bedeuten ein langer und drei kurze Signaltöne? Was zeigt diese Tonne an, und wie müssen Sie daran vorbeifahren?* Zefix, ist das viel.

Am Tag vor der Prüfung gegen zwölf Uhr mittags klingelt es an der Tür. Frank. Er hat Kuchen dabei und wollte mal fragen, wie weit ich bin. Nicht weit, sage ich, oder um ehrlich zu sein, ich habe gestern Abend erst angefangen, bin noch nicht mal einmal durch mit den Fragen und habe keine Ahnung, wie das gehen soll. Und du? – Jo, sagt Frank, ich dachte, ich fang dann auch mal an. Aber erst mal essen wir Kuchen.

Dabei gucken wir schon mal in die Prüfungsbögen. Und dann wird uns ganz anders. Wir stellen einander Fragen, lösen gemeinsam die Navigationsaufgaben und kriegen zusehends einen Knall. *Wann gilt ein Fahrzeug als überholendes Fahrzeug?* – Äh, das merkt man doch? Falsch. *Wenn es sich dem anderen Fahrzeug von mindes-*

tens 22,5° achterlicher als querab nähert. Bitte? Das muss man erst mal verstehen. Und sich dann merken. Und nicht vergessen, dazuzusagen, dass man sich, wenn man es nicht weiß, im Zweifel als überholend anzusehen hat. Wir kichern. *Wann besteht die Gefahr einer Kollision? –* Äh, das merkt man doch? Falsch. *Wenn sich der Abstand zum anderen Fahrzeug verringert und der Kompass keinerlei Kursänderung anzeigt.* Frank glaubt mir nicht, dass das wirklich da steht. Mehr Gelächter. Es wird Nachmittag, und wir werden immer alberner. Als Frank Feuerlöschmittel aufzählen soll und statt einer Löschdecke eine Heizdecke nennt, können wir nur noch hysterisch japsen und kriegen uns gar nicht mehr ein. Wird auch nicht besser, als ich das Wort «ausweichpflichtig» nicht mehr herausbringe, sondern nur noch «ausweispflichtig» sagen kann.

Gegen Abend kommt Franks Frau dazu, mein Mann kocht uns etwas. Wir lernen weiter. Die beiden wissen nicht, ob sie lieber den Kopf schütteln oder uns auslachen sollen. Nachts um halb zwölf machen wir zum Abschluss noch ein paar Knoten, und dann ist Schluss, nach fast zwölf Stunden Lernen. Ab ins Bett, dass wir für die Prüfung morgen ausgeschlafen sind.

Mag sein, dass ich einen Knall habe. Aber sobald ich auf dem Wasser bin, weiß ich, es ist nicht nur ein Knall. Ich habe mich verknallt.

PS: Wir haben die Prüfungen bestanden, Frank und ich, sowohl See als auch – zwei Wochen später – Binnen. Für Binnen haben wir noch ein bisschen kürzer gelernt. Hart war die praktische Prüfung, es gab noch mehr Wind und Strömung als bei der Fahrstunde, und über die Elbe war kurz zuvor der Eisbrecher gefahren, sodass am Entenwerder Stieg lauter große Eisschollen herumtrieben. Verschärfte Bedingungen also, aber wir haben es geschafft. Und die Tante hat einen etwas stärkeren Motor bekommen.

Käpt'n Isa auf hoher See.
Mein erstes Mal

Janee, nicht, was ihr denkt. Ich weiß doch, was ihr denkt. Ihr denkt, ich wäre zum ersten Mal mit dem Boot auf hohe See gefahren, also: selbst gefahren. Bin ich aber gar nicht. Ich bin mit einem Schiff namens «Funny Girl» nach Helgoland gefahren, also: *nicht* selbst gefahren, sondern habe mich fahren lassen. Was erst mal ein Glück war, denn es war gar nicht klar, ob das Schiff überhaupt fährt, bei dem Wind, bei den Wellen. Vier Meter Wellenhöhe, das ist nämlich nicht nichts. Das ist vielmehr ziemlich viel. Und *funny* ist es auch nicht.

Aber mir macht es nichts aus, ich bin seefest, ich war noch nie seekrank, ich habe mich immer ein bisschen über Seekranke lustig gemacht und gefunden, sie sollen sich nicht so anstellen. Eher habe ich noch hurra! geschrien, wenn es Wellen gab und ordentlich schaukelte. Das beste Mittel gegen Seekrankheit, habe ich immer behauptet, seien Gummibärchen, was auch ungefähr stimmt oder zumindest nicht ganz falsch ist: Kauen ist tatsächlich gut, weil dabei das Gleichgewichtsorgan im Ohr stimuliert wird und dadurch irgendwie besser mit dem Schwanken zurechtkommt.

Bei vier Metern Wellenhöhe in der «Funny Girl» helfen aber nicht mal Gummibärchen. Da hilft gar nichts mehr. Da fängt einer nach dem anderen an zu spucken, meine Begleitung gleich mit dabei, und irgendwann kann ich mich dem Gruppendruck dann auch nicht mehr entziehen. Dabei ist mir nicht mal besonders übel, ich muss halt nur spucken. Und dann bin ich plötzlich total schwach und kann mich kaum rühren, ich sitze da und starre hochkonzentriert auf den Horizont, stundenlang, weil das helfen

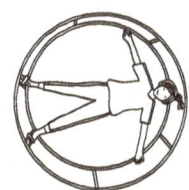

soll, und rede mir ein, dass es besser würde. Als die jungen Männer kommen und am Tresen lautstark Würstchen und Bier bestellen und zum vierten Mal das Wort «Bier» und zum achten Mal das Wort «Würstchen» laut aussprechen, bis einem einfällt, er könnte ja auch noch ein paarmal das Wort «Hackepeterbrötchen» hinterherschieben («Oder kumma hier, Hackepeterbrötchen! Sieht au lecka aus!»), da würden wir gern aggressiv werden, wenn wir die Kraft dazu hätten. Stattdessen spucken wir.

Ich nur ein bisschen, die reizende Begleitung allerdings kann gar nicht mehr damit aufhören, ihr geht es richtig übel, sie spuckt und spuckt und füllt Tüten, die netten Damen von der Besatzung kommen und sagen: «Die Tüten bitte gut zurollen», und nehmen sie mit und bringen neue Spucktüten und bringen Küchentücher und Servietten zum Mundabwischen und einen kalten Lappen zum Auf-die-Stirn-Legen und sagen ihr, sie soll sich hinlegen. Ich kann mich gar nicht um meine Freundin kümmern, weil ich selbst viel zu elend bin und zu schwach und Kreislauf habe und schwitze und friere. Aber alles nicht halb so wild wie sie, sie bekommt Schüttelfrost, und die Damen von der Besatzung kommen immer häufiger vorbei und gucken sie besorgt an, während ich daneben sitze und leise in meine Tüte speie.

Aber irgendwann ist so eine Fahrt ja doch mal zu Ende. Im Hotel werden wir mit den Worten «Wie geht es Ihnen?» und sehr besorgten Blicken begrüßt. Ob es sich schon rumgesprochen hat, wollen wir wissen. Nein, sagen sie, aber sie würden ja sehen, was da draußen auf dem Wasser los ist, und sie hätten sich mächtig gewundert, dass das Schiff überhaupt gefahren ist.

Wir fallen sofort in ein wunderbares, herrliches Hotelbett und schlafen auf der Stelle ein und schlafen zwei Stunden tief und fest. Dann ist alles besser, und wir machen nichts mehr, essen nur noch zu Abend und gehen früh wieder ins Bett. Nach dem Essen schwankt plötzlich alles, aber das hört dann auch wieder auf, und am nächsten Tag ist alles super, wir gehen Helgoland erkunden, und die Sonne scheint, und am übernächsten Tag setzen wir zur Düne über und niemand wird seekrank, schon gar nicht wir.

Unsicht-Bar

Die Speisekarte bekommen wir noch im Hellen. Es gibt verschiedene Menüs: Lamm, Fisch, Vegetarisch, Käse, Überraschungsmenü, jeweils mit drei oder vier Gängen. Wir entscheiden uns für das Lamm; was genau dazugehört, verraten sie einem nicht.

Unser Kellner Rohit holt uns ab. Wir gehen in die Lichtschleuse, er stellt sich vor, fragt uns nach unseren Namen, fragt, ob er uns duzen darf, sehr nett. Dann geht das Licht aus. Und es ist verdammt dunkel. Schwarz. Wir machen eine Polonaise durch das Restaurant, meine Hände liegen auf Rohits Schultern, Axels Hände auf meinen Schultern. Rohit marschiert voran, man hört Stimmen, Geschirr klappert, Leute reden und lachen, erstaunlich viele Leute, scheint es, normale Restaurantgeräusche eben. Rohit macht hier eine Kurve und dort einen Schlenker, ich kann überhaupt nicht einschätzen, wie weit wir gehen. Und woher er weiß, wann wir wo einem Tisch ausweichen müssen. Sagte ich schon, dass es dunkel ist? Stockdunkel.

Mir fällt ein Cartoon ein, ich glaube von Hägar dem Schrecklichen: Das erste Bild ist komplett schwarz, mit einer Sprechblase von links: «Mann, ist das dunkel. Mach doch mal Licht an!» Zweites Bild, auch komplett schwarz, Sprechblase von rechts: «Was soll ich denn noch tun? Ich hab doch schon ein Feuer und fünf Kerzen angemacht!» Drittes Bild, immer noch komplett schwarz, Sprechblase wieder von links: «Boah, ist *das* dunkel!» Ungefähr so dunkel ist es hier auch. Man sieht überhaupt gar nichts, nicht mal eine klitzekleine Ahnung, nicht die Hand vor den Augen, kein Lichtpünktchen irgendwo, gar nichts, alles ist komplett schwarz.

Wir kommen an unserem Tisch an, Rohit legt uns die Hände

auf die Stuhlkante und sagt, dass noch Leute neben uns sitzen. Ist auch nicht zu überhören. Wir sitzen also an einer längeren Tafel, guten Abend, sage ich, ich bin Isabel. Wenn man mich schon nicht sieht, kommt es mir höflicher vor, wenigstens meinen Namen zu sagen, auch wenn man das sonst in Restaurants nicht tut. Links neben mir sitzt Lisa, ihr gegenüber ein veritabler Scherzkeks, insgesamt sind sie zu viert. Rechts neben mir ist frei, ich ertaste, dass die Tafel jenseits des freien Platzes auch nicht mehr weitergeht, der Tisch ist dort zu Ende.

Des Weiteren ertaste ich vor mir, was Rohit uns auch sagt: ein rundes Tischset (Moosgummi?) und Besteck. Keine Tischdecke, wahrscheinlich aus Gründen. Wir bekommen unsere Getränke, ich habe Rotwein und Wasser bestellt. Das sind gleich zwei Gläser, nicht wirklich vernünftig. Lisa und ihre Freunde am Nebentisch lärmen herum. Sie erzählen, dass sie schon gegessen haben und nur noch aufs Dessert warten. Es wird gekreischt und grunzend gelacht. Eine Frau schreit, i, hör auf damit! Der steckt immer die Finger in mein Glas! Der Spaßvogel spritzt seine Tischdamen nass. Lisa sagt, sie hat schon ganz nasses Haar, und der Spaßvogel fragt: Haupthaar?

Hilfe.

Wir bekommen einen Gruß aus der Küche, ein kleines Stück Brot mit etwas drauf, eine Pastete? Während wir noch versuchen, es rauszuschmecken, kommt schon die Suppe. Ich soll meine beiden Gläser wegnehmen, habe aber noch das Brot in einer Hand, weiß nicht recht, schiebe mir das Brot in den Mund, nehme die Gläser in die Hand, alles geht gut. Man bewegt sich schon sehr vorsichtig, tastet sanft alles ab. Aha, eine Suppentasse. Mit Untertasse. Der Löffel. Ein Körbchen Brot hat Rohit uns auch hingestellt.

Wollen wir anstoßen?, frage ich Axel, und der Nebentisch ruft: Ja, anstoßen, hier! Alle!

Ähm, sage ich, ich glaub, das geht nicht gut. Ich feiges Stück.

Aber unsere Gläser finden sich. Wir löffeln die Suppe, es geht erstaunlich gut. Nur Schmecken ist irgendwie schwierig, ich weiß, dass ich den Geschmack kenne, aber ich komme nicht drauf, was es ist. Keine Ahnung, ob ich ihn erkennen würde, wenn ich die Suppe sähe. Die Speisekarte war kryptisch («witzig»), wir wissen also nur, dass wir Lammfleisch kriegen werden, sonst nichts. Kokos, sagt Axel, das ist was mit Kokosmilch, oder? Stimmt, jetzt schmecke ich es auch.

Als zweiten Gang gibt es einen Salat. Der ist schon schwieriger zu essen, aber leichter zu schmecken, Einzelteile gehen offenbar besser als ein Gemisch, aber das ist natürlich bei Licht auch so. Gurke. Feldsalat (na gut: den habe ich gefühlt). Dies hier könnte vom Gabelgefühl eine Weintraube sein – nein, ganz anders, den Geschmack kenne ich, natürlich, eine Olive. Ein Stück Apfel, nein, Birne. Gebratener Speck. Aber das, das ist eine Weintraube – nein, auch nicht. Cocktailtomate. Granatapfelkerne! Ich taste auf meinem Teller herum und wünsche mir eine große Stoffserviette statt des kleinen Papierdings.

Die lustigen Tischnachbarn sind mit ihrem Dessert fertig und gehen. Wir bekommen das Hauptgericht. Große Fleischbrocken mit … irgendwas. Einmal ganz zart und vorsichtig die Hände auf den Teller gelegt, nicht zu herzhaft in Gemüse und Beilage gegriffen. Die Fleischstücke sind gut zu finden, ich stecke meine Gabel hinein, versuche, ein Stück abzuschneiden, rutsche ab, das mit der Gabel hat sich auch irgendwie komisch angefühlt, ich stecke sie wieder hinein oder versuche es – was ist das, Knorpel? Wieso kriege ich die Gabel nicht ins Fleisch gesteckt? Axel meldet den ersten Erfolg, er hat sich ein Stück Fleisch abgeschnitten, und es hat eine passable Größe. Ich versuche immer noch, die Gabel ins Fleisch zu stechen, rutsche immer wieder ab, bis ich endlich merke, dass ich gar keine Gabel in der Hand habe, sondern den Löffel.

Mit der Gabel geht es. Das Fleisch ist sehr gut, dazu gibt es etwas, das wir als «Hirse oder Bulgur oder so» identifizieren, es schmeckt nach nicht viel, und ein Gemüse, das glatt ist und oval, jeweils einmal längs durchgeteilt, es ist knackig, schmeckt gut, aber was um alles in der Welt ist das?

Immer wieder ist Fingerschnipsen zu hören, wahrscheinlich machen die Kellner das, wenn sie sich durch den Raum bewegen, damit sie einander nicht umrennen. Wie groß mag der Raum sein? Hinter mir sitzt niemand mehr. Aber ob da eine Wand ist oder der Raum noch weitergeht, keine Ahnung.

Hast du eigentlich die Augen offen, fragt Axel, ja, sage ich, natürlich, du nicht? Da tönt eine Stimme quer durch den Raum: Wolle Rose kaufe? Gelächter. Könnte Rohit gewesen sein, könnte aber auch nicht. Schöne schwarze Rose!, ruft er.

Wir haben ziemlich unfallfrei aufgegessen und ausgetrunken und bitten Rohit, uns zur Tür zu bringen. Die Dame am Empfang hatte uns auch streng angesehen und uns unter Androhung von Platzwunden instruiert, nur ja nicht allein herumzulaufen. Was wir vermutlich sowieso nicht versucht hätten.

Rohit bringt uns wieder in Polonaisenformation zur Lichtschleuse. Als das Licht angeht, ist es erst mal sehr hell. Wir blinzeln, Rohit fragt, ob es uns gefallen hat, ob es «ein Erlebnis» war. Ich scheue mich, es als «Erlebnis» zu betrachten, das klingt so nach Spaß. Als würde man zum Spaß mal so tun, als ob, und ein bisschen ist ja das ganze Konzept so – aber Blindsein ist schließlich auch kein Spaß, kein «Erlebnis». Es war schon ungewöhnlich, wenn auch weniger aufregend als gedacht – aber «Spaß», ein «Erlebnis»? Ich weiß nicht.

Draußen im Hellen liegt das Gästebuch aus. Es hat tatsächlich jemand reingeschrieben: «Das Auge isst mit.»

Hand und Fuß

Die Wahrheit ist: Ich bin keine Dame. Meine Füße sind auch keine Dame, ich war noch nie bei einer Fußpflege. Gehen andere Frauen da regelmäßig hin? Und wenn ja, warum? Gehört sich das für eine Dame? Für einen Herrn auch?

Am Abend vorher betrachte ich meine Füße eingehend. Schön ist anders. Aber sauber sind sie. Zehennägel natürlich selbstgeschnitten, nicht lackiert, hier und da ein bisschen Hornhaut. Hoffentlich findet die Fußpflegerin meine Füße nicht schlimm, denke ich. Axel sagt, ach Quatsch, die kriegt doch noch ganz andere Füße zu sehen. Wahrscheinlich hat er recht.

Tatsächlich sagt die Fußpflegerin, das seien doch schöne Füße. Gepflegt und gar nicht so trocken und nicht so viel Hornhaut und Nagelhaut. Ich fühle mich geradezu geschmeichelt. Ich habe schöne Füße. Vom Profi bestätigt!

Als Erstes wäscht sie sie mir. Reibt sie mit etwas Rauem, Sandigem ein, ein Peeling, gießt heißes Wasser darüber, es duftet nach Zitrone. Ich sitze auf einem etwas erhöhten, weichen Stuhl, mit Frotteehandtüchern belegt und beheizt. Sehr gemütlich. Überhaupt ist die ganze – sagt man: Praxis?, der ganze Salon? – irgendwie gemütlich, hübsch eingerichtet, viel Weiß und Holz, ein irgendwie skandinavisches Ambiente. Und ich kriege einen Bio-Zitronengras-Tee.

Das Instrumentarium der Fußpflegerin sieht aus wie das eines Zahnarztes. Ein Gerät wie ein Bohrer, mit dem aber nicht gebohrt wird, sondern geschliffen, geschmirgelt und gefeilt, mit verschiedenen Aufsätzen in verschiedenen Breiten und Körnungen. Damit feilt sie mir die Fußnägel, dann knipst sie hier und da noch etwas ab, entfernt die Nagelhaut. Das ist alles höchst angenehm, und nett ist sie noch dazu. Wir plaudern, sie feilt und poliert, knipst und entfernt, hier und da kitzelt es ein bisschen, ansonsten ist es total entspannend auf dem warmen, weichen Stuhl. Dann setzt sie einen anderen Schmirgelaufsatz auf den Zahnarztbohrer, den für die Hornhaut, und stellt fest, dass ich kaum Hornhaut habe und sie kaum zu tun. Das ist schön für mich, denn zum einen kitzelt der Hornhautschmirgler ziemlich, und zum anderen bedeutet es, dass wir schnell fertig sind und die anschließende Fußmassage etwas länger ausfällt. Und so eine Fußmassage kann ja gar nicht lang genug sein.

Die Fußpflegerin massiert mir etwas Weiches, Duftendes in die Füße, und nach einer knappen Stunde ist leider schon alles vorbei, und ich bin eine Dame. Ich schwebe auf watteweichen, duftenden Fußwölkchen nach Hause und finde das alles so schön, dass ich mir denke: Was für die Füße so toll ist, kann für die Hände auch nicht verkehrt sein. Und so rufe ich gleich im Maniküarestudio um die Ecke an und lasse mir einen Termin geben.

«Haben Sie denn schon Nägel?», fragt die Maniküre, und als ich die Frage nach einem kurzen Überraschungsmoment dann doch verstehe, dämmert mir: Jetzt geht es nicht mehr darum, ob ich eine Dame bin, jetzt geht es darum, ob ich eine Tussi bin. Ich liebäugle ein bisschen mit der Idee, mir die volle Tussinummer zu geben, künstliche Nägel mit Glitzerbildchen und allem. Wenn ich nicht zwei Tage später einen Termin hätte, bei dem ich gut aussehen will, würde ich es vielleicht tun. Nein, sage ich also nach kurzem Zögern, ich habe keine Nägel, außer meinen eigenen, und ich will auch keine.

Die Maniküre ist gar nicht so tussig wie angenommen, aber eine Freundin von ihr sitzt mit im Salon. Die Freundin immerhin hat große Mengen schwarzen Lidschatten aufgetragen und einen

veritablen Tussihund dabei. Geht doch! Ihre Nägel kann ich leider nicht sehen. Ich möchte aber wetten, dass sie «Nägel hat».

Maniküre geht so: Man bekommt die Nägel gefeilt, die Nagelhaut entfernt und die Nägel mit einer Art weichem Bimsstein poliert. Vielleicht bin ich ein bisschen ungnädig, aber die eine Hälfte davon kann ich auch selbst, die andere braucht kein Mensch. Was ist mit *Sie baden gerade Ihre Hände drin?* Nix ist. Kein Handbad, keine duftenden Lotionen, keine Handmassage, nicht mal eine tussige Einrichtung, alles total unspektakulär. Die Dame ist sehr nett, die Tussifreundin sitzt, den Tussihund auf dem Schoß, stumm im Sessel. Zum Abschluss bekomme ich die Nägel in einer einigermaßen unauffälligen Farbe lackiert, es schimmert rosaperlmutt, nun ja. Unterlack drunter, Lack drauf, ich stecke die Hände in ein Trockenpustegerät, fertig.

Der Lack sieht aus, als hätte ich ihn selbst aufgetragen, mit Luftblasen, Kratzern und allem. Ich hatte gedacht, ein Profi würde das besser hinkriegen, aber tatsächlich sind meine Nägel jetzt weder die einer Dame noch die einer Tussi, und meine eigenen sind es irgendwie auch nicht mehr recht. Ich bin ein wenig enttäuscht und finde Maniküre irgendwie überflüssig. Was vielleicht nicht wirklich überraschend kommt, wenn man zur nächstbesten Billigmaniküre um die Ecke geht. Irgendwo da draußen müssen doch auch die echten Künstlerinnen sein oder die Netten und Angenehmen mit dem Verwöhnprogramm, so wie die Fußpflegerin. Beim Bezahlen bekomme ich das Lackieren geschenkt, zur Begrüßung sozusagen, und das ist dann doch wieder ganz reizend. Und so lasse ich den rosa Glitzerlack noch einen Tag drauf und entferne ihn erst kurz vor meinem Termin wieder. Bis dahin ist sowieso die Hälfte abgeplatzt, Dame hin oder her.

Sau tot

Tapfer und mutig bin ich nämlich, jawohl, und habe keine Angst, mich den Realitäten zu stellen! Ich will es jetzt wissen. Ich rufe beim Schlachter an und mache einen Termin aus. Was ich denn wolle, fragt er. Zugucken. Warum? Um darüber zu schreiben. Neinnein, keine Sorge, es geht nicht um eine kritische Berichterstattung über die Unmöglichkeiten der Fleischproduktion, sondern eher ums «Was macht das mit mir». Ich erzähle ihm nicht, dass ich mich sowieso gerade mit dem Thema beschäftige und kurz davor bin, Vegetarierin zu werden. Ich erzähle ihm auch nicht, dass ich Foer und Duve gelesen habe und die ganzen Horrorgeschichten kenne. Er sagt, ich soll am Montag kommen, «montags machen wir Schweine». Acht Uhr.

Ich lege auf und bin ab dieser Sekunde nicht mehr tapfer und mutig. Vielmehr frage mich mal wieder, ob ich eigentlich noch ganz dicht bin. Ich meine, Schweine schlachten, ich habe genug darüber gelesen, das muss ich mir doch nicht auch noch angucken! Das ist doch alles so ekelhaft, es reicht doch, das theoretisch zu wissen! Da muss ich doch nicht! Außerdem bedeutet acht Uhr: sieben Uhr losfahren, vollkommen unmögliche Uhrzeit. Anständige Menschen schlafen da.

Als Erstes kommen wir an der offenen Tür zum Schweinestall vorbei. «Stall» ist wahrscheinlich das falsche Wort – der Raum eben, in dem die Schweine auf ihre Schlachtung warten. Schweine sind nicht doof, die merken, was nebenan vor sich geht, sie hören ihre Kollegen schreien, sie riechen das Blut, das hatte ich vorher gelesen. Die Tiere sind schon lange vorher in Panik, weil

sie spüren, was sie erwartet, und außerdem kriegen sie ja sowieso schon fast einen Herzinfarkt, wenn sie das erste Mal Tageslicht sehen. Alles gelesen.

Ich verstehe nichts von Schweinen. Aber für meine Augen sehen diese Schweine hier total entspannt aus. Die einen schnüffeln auf dem Boden herum und erkunden den Raum, andere liegen in der Ecke und dösen, ein paar kommen neugierig ans Tor und gucken uns an. Insgesamt vielleicht fünfzehn Tiere, die sich ruhig verhalten, zufrieden wirken und kein bisschen nach Herzinfarkt aussehen.

Die Tür daneben steht ebenfalls offen, dort ist die Schlachthalle, ein totes Schwein hängt von der Decke. Schlachtermeister P. kommt heraus und begrüßt uns freundlich. Ich sage, dass ich ein bisschen Angst habe, und er sagt: Och, warum das denn? Kommen Sie doch rein, das ist gar nicht schlimm. Mir fällt auf, dass es auch kaum riecht. Und so sehen wir den kompletten Schlachtvorgang:

Je ein Schwein kommt durch eine Tür aus dem Stall nebenan in einen kleinen Verschlag. Es scheint immer noch nichts zu riechen, keine Angst zu haben, es geht neugierig weiter, bis Meister P. von hinten mit einer Art großer Zange kommt, die er dem Schwein rechts und links an den Hals setzt. Das Schwein bekommt einen Stromschlag und wird sofort bewusstlos, nur vereinzelt schreit mal eines kurz auf. Das bewusstlose Tier wird an einem Hinterbein hochgezogen, unter der Decke verlaufen Schienen, an denen sich die Tiere leicht ziehen lassen. Das Schwein hängt jetzt über einer großen Wanne und bekommt den Halsschnitt. Aus so einem Schwein läuft eine ziemliche Menge Blut, und zwar in einem kräftigen Strahl, es geht alles sehr schnell. Manchmal zuckt noch ein Bein. Das meiste Blut landet in der Wanne, ein Teil pladdert daneben und wird gelegentlich mit einem Wasserschlauch weggespritzt.

Ich hatte gelesen, dass die Tiere manchmal nicht richtig betäubt sind und wieder aufwachen. Vor allem bei Rindern, aber auch bei Schweinen soll das ein Problem sein. Was heißt eigentlich «aufwachen», frage ich mich, als eins beim Ausbluten mit dem Bein zuckt. Das zuckt, sage ich, und Meister P. sagt, das sind nur Muskelkontraktionen, das Schwein bekommt davon nichts mit. Und das glaube ich ihm aufs Wort, denn wenn das Schwein bei Bewusstsein wäre, dann würde es schreien und zappeln, aber das Blut aus dem Gehirn muss längst raus sein. Ein «Aufwachen» im Sinne von «zu Bewusstsein kommen» kann ich mir da beim besten Willen nicht mehr vorstellen.

Der nächste Schritt nach dem Ausbluten ist das Brühbad. Die Schweine kommen für dreieinhalb Minuten in 64 Grad heißes Wasser, damit sich die Borsten ablösen. Auch da sollen gelegentlich Tiere wieder aufwachen, hatte ich gelesen. Ich kann das nicht glauben, die Schweine sind ja schon komplett ausgeblutet. Wahrscheinlich läuft es am Ende auf die Frage hinaus, was genau «tot» und was «Bewusstsein» ist. Für meine Laienaugen sehen die Tiere mit dem ersten Blutschwall, der ihnen aus dem Hals läuft, mausetot aus. Meister P. bestätigt das auch, natürlich. Er kann ja auch nicht gut was anderes sagen.

Wenn es aus dem Brühbad kommt, wird das Schwein auf einen Tisch gelegt, und die restlichen Borsten werden mit einem scharfen Messer abgeschabt. Schweine werden nicht gehäutet, die Schwarte bleibt dran. Das waren die beiden Arbeitsschritte, vor denen ich die größte Angst hatte: das Ausbluten, das ich dann als gar nicht so eklig empfunden habe wie befürchtet, und das Hautabziehen, das überhaupt nicht stattfindet. Das Schwein sieht jetzt sehr nackt und sehr tot aus und wird wieder hochgezogen, an beiden Hinterläufen befestigt. Es wird über die gesamte Bauchlänge aufgeschnitten und ausgenommen, Därme und so weiter werden weggeworfen. Meister P. erklärt, dass die Därme von Tier zu Tier

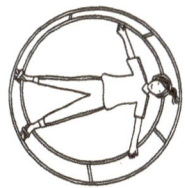

unterschiedlich dick seien und deswegen nicht verwendet werden könnten, weil die Kunden immer gleich dicke Würste wollen. Deswegen werden Därme dazugekauft. Bei Rindern, sagt er, sei es nach BSE sogar verboten worden, die Därme zu verwenden – da würden für die Wurst nun Rinderdärme aus Argentinien gekauft, wo es gar nicht erst nennenswerte BSE-Kontrollen gibt. Völlig verdrehte Logik, aber so sind die Vorschriften. Ich vergesse zu fragen, wieso argentinische Tiere gleich dicke Därme haben.

Das «Herzstück» (das irgendwie anders heißt), ein zusammenhängender Strang aus Zunge, Kehlkopf, Lunge, Herz und Leber (ich hätte mitschreiben sollen), wird einzeln aufgehängt. Am Nachmittag kommt der Tierarzt und sieht es sich genauer an.

Zwischen den beiden Schienen, an denen das Schwein hängt, hängt die Bandsäge, mit der aus dem Schwein jetzt Schweinehälften gemacht werden. Die Säge wird fein säuberlich in der Mitte von oben nach unten durchgezogen. Der Schädel ist offenbar zu hart, der wird von Hand mit dem Beil gespalten, und das war's schon: Die Schweinehälften werden an den Deckenschienen in den Raum nebenan geschoben. Zerlegt werden sie am nächsten und übernächsten Tag, heute bleiben sie erst mal hängen, ebenfalls für den Tierarzt. All das machen zwei Gesellen mit ruhigen, aber zügigen, geübten Bewegungen, der Meister erklärt uns derweil, woran man ein gesundes Schwein erkennt: Das Fleisch glänzt nicht, die Drüsen sind hell, weißlich durchzogen, er zeigt uns die Drüsen, schneidet eine für uns auf.

Schlachtermeister P. sagt, es gebe im Prinzip nur noch zwei Möglichkeiten, eine Schlachterei zu betreiben: entweder so wie er, der zwanzig Schweine pro Woche schlachtet (immer montags; freitags werden Rinder geschlachtet, und an einer Seite des Raumes hängen ein paar Lämmer), oder man muss zweitausend Schweine am Tag machen. Alles dazwischen ist schwierig. Und mir ist sehr, sehr klar, dass es für die Tiere ein himmelweiter

Unterschied ist, ob sie zu zwanzigst oder zu zweitausendst geschlachtet werden.

Es fängt schon damit an, dass Meister P. Tiere für zwei, drei größere Biohöfe in der Umgebung schlachtet, dazu die Schweine der Bauern aus dem Dorf. Das bedeutet kaum Transportwege, weder für die lebenden Tiere noch hinterher für das Fleisch. Das Fleisch der Dorfschweine verkauft er in seinem eigenen Laden, das der Biohöfe geht zurück in die entsprechenden Hofläden. Ich versuche herauszubekommen, ob er den Anspruch hat, nur glückliche Tiere zu schlachten, ob er Wert auf Biosiegel oder so was legt, formuliere es aber nicht so deutlich – seine Antwort klingt, als würde die Frage sich möglicherweise gar nicht so stellen. Ich weiß nicht, wie die Schweine im Dorf leben, aber Großmastanlagen waren nicht zu sehen, und ein Großmäster bringt seine Schweine auch nicht zum kleinen Landschlachter. Vielleicht sind die Dorfschweine keine Biotiere nach EG-Verordnung, aber es geht ihnen trotzdem gut.

Wir stehen noch eine Weile vor der Räucherkammer, in der die Schinken von der Decke hängen. Hatte ich damit gerechnet, alles total grauenhaft und eklig und furchtbar zu finden, stelle ich jetzt fest: Die Schinken sehen wirklich appetitlich aus. Ich habe das Ausbluten nicht als schlimm empfunden, das Durchsägen auch nicht, ich empfinde es nicht mal als schlimm, dass auch in bereits halbierten Schweinen immer noch etwas zuckt – biochemische Reaktionen, die Nerven. Meister P. zeigt uns das Zwerchfell, das hört nicht mit dem Tod gleich auf zu zucken.

Ich war kurz davor, Vegetarierin zu werden, und überzeugt, dass dieser Besuch mir den Rest geben würde. Karen Duve schreibt: «Es gibt kein Fleisch von glücklichen Tieren. Es gibt nur Fleisch von toten Tieren.» Das stimmt natürlich, aber ich stelle fest: Wenn sie zufrieden gelebt haben und dann so schnell und sauber totgemacht werden wie hier, dann ist das für mich in Ord-

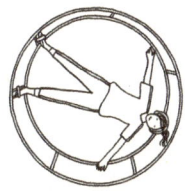

nung. Industrielle Massentierhaltung und -schlachtung sind ein völlig anderes Thema, das geht überhaupt nicht, in keiner Beziehung. Für die Tiere nicht, für die Umwelt nicht und für mich auch nicht, ich will das nicht essen, es macht mich wütend. Und für die Menschen, die in dieser Industrie arbeiten, geht es übrigens auch nicht. Fleisch ist viel zu billig, das ist das Hauptproblem; Fleisch muss wieder einen Wert bekommen, es muss mit dem entsprechenden Respekt behandelt werden, und dann muss man auch den Preis dafür zahlen. Dann gibt es eben nur einmal im Monat Fleisch, das ist auch sowieso viel gesünder für alle Beteiligten.

Entschuldigung, bei dem Thema gerate ich leicht ins Predigen.

Cats

Zu den vielen Dingen auf der Welt, die mir egal sind, gehören zum Beispiel Katzen. Und Musicals. Da liegt es natürlich nahe, mir «Cats» anzusehen. Zumal das eine der ersten Schallplatten war, die ich mir selbst gekauft habe, irgendwann Mitte der Achtziger. Sie lief damals dauernd, ich kann bis heute alles mitsingen. Auf Englisch allerdings, die Vorstellung in Hamburg ist aber auf Deutsch – das ist einerseits schade, denn irgendwie klingt es für meine Ohren nicht ganz «richtig», andererseits dämpft es meinen Mitsingdrang, und das dürfte für alle Beteiligten das Beste sein. Aber ich muss mich schon sehr beherrschen, nicht laut mit einzustimmen, auf Englisch dann halt, na und? Mir doch egal. *Because Jellicles do and Jellicles can, Jellicles can and Jellicles do!*

Die Geschichte von «Cats» dürfte bekannt sein: Es gibt fast keine. Einmal im Jahr findet auf einem Schrottplatz der Ball der «Jellicle Cats» statt, bei der Alt-Deuteronimus bestimmt, welche der Katzen ein neues Leben bekommt. Bis dahin werden alle anwesenden Katzen ausführlich vorgestellt, und das hat, wenn man eine Geschichte erzählt bekommen möchte, dann doch gewisse Längen. Wenn man aber eine Musik- und Tanzshow sehen möchte, dann oh, wow! Das ist wirklich beeindruckend. Von wegen, Musicaldarsteller könnten von allem nur ein bisschen. Die hier können es, und zwar richtig. Beides. Richtig toll singen und richtig toll tanzen. Manche tanzen nur oder singen nur, aber jeder Einzelne kann das, was er tut, richtig gut. Und wie man gleichzeitig tanzen und dabei singen kann, ohne dass man auch nur das kleinste Wackeln hört, ist mir sowieso völlig schleierhaft.

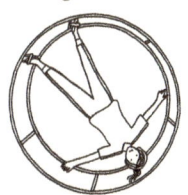

Tatsächlich beschäftigt mich den ganzen Abend der Gedanke, was für ein irrer Beruf das ist. Singen und Tanzen zu können, und dann auch noch gleichzeitig, ist ja nur das eine. Ach so, Schminken auch noch, und das ist bei «Cats» eine ziemlich aufwendige Angelegenheit. Die Darsteller bekommen es einmal gezeigt, ein Profi schminkt ihnen die eine Gesichtshälfte, dann müssen sie die andere selbst machen, um es zu lernen, und ab da schminken die Darsteller sich selbst. Und zwar nicht *irgendwie*, denn bei «Cats» ist alles festgelegt: Bühne, Kostüme, Make-up, Choreographie, alles ist immer überall gleich, bei allen «Cats»-Produktionen auf der Welt. Schade eigentlich, denn das nimmt Regisseuren, Choreographen, Bühnen- und Kostümbildnern ja jegliche Möglichkeit zur eigenen künstlerischen Einflussnahme. Dafür weiß man als Konsument vorher schon, was man bekommt, und das bekommt man dann auch. Das scheint ja in vielen Köpfen ein Vorteil zu sein.

Ich war früher da und durfte hinter die Bühne gucken. Und da ist dann ruckzuck Schluss mit dem vermeintlichen Glamour dieses Berufs. «Cats» wird im Moment nicht in einem Theater gespielt, sondern in einem Zelt. Für ein paar Monate in Hamburg, danach geht die gesamte Produktion nach Berlin, Hannover, Mannheim und Luxemburg, die weiteren Stationen sind noch nicht ganz klar. Und damit alles gut zu transportieren ist, befindet sich alles in Containern. Je sechs Schauspieler haben zusammen einen Garderobencontainer, dann gibt es einen für die Maske und einen für die Kostümbildner. Dort werden vor der Vorstellung schnell noch ein paar beschädigte Sachen wieder zusammengenäht und die Schuhe frisch angemalt – auf der Bühne schleifen die Katzen so mit den Füßen über den Boden, dass das Katzenmuster sich immer wieder abscheuert und vor jeder Vorstellung neu aufgemalt wird. Zwischen den Containern stehen Kleiderstangen mit den Kostümen, dazwischen hat jemand mit Klebeband ein Hüpfekästchen auf den Boden geklebt. Für die Pausen, angeblich.

Nein, glamourös ist das hier alles nicht, sondern extrem einfach, fast schon improvisiert, und sehr eng.

Den unglamourösesten Job haben vielleicht die Musiker: Sie sitzen zusammengepfercht in einem engen Container hinter der Bühne und sehen das Geschehen auf der Bühne nur über Monitore. Noch abgeschotteter ist der Schlagzeuger, der hat sogar noch ein eigenes Kabuff in dem ohnehin schon engen Orchestercontainer. Auch der Dirigent befindet sich im Container, seine Bewegungen werden auf Monitore im Zelt übertragen, sodass die Schauspieler ihn sehen und er sie. Aber eben nur mittelbar über Monitore. Vom Publikum sind die Musiker weit entfernt, sie bekommen von der ganzen Atmosphäre im Zelt überhaupt nichts mit. Theoretisch könnte die Musik aus Posemuckel kommen.

Einige Schauspieler laufen herum, sagen freundlich hallo, manche sind schon halb oder ganz geschminkt. Spätestens zwei Stunden vor der Vorstellung sind alle da. Hilfe bekommen Leute mit langen Haaren, diese werden in Strähnchen aufgedreht und festgesteckt, damit die Katzenperücke darüber kann. Zuerst allerdings ein dünnes, hautfarbenes Mützchen, schön sieht das nicht aus. Die meisten Darsteller spielen acht Shows pro Woche: samstags und sonntags je zwei Vorstellungen, montags ist frei.

Acht. Shows. pro. Woche.

Damit sind sie dann für ein paar Monate in einer Stadt, dann geht es in eine andere. Für wie viele Jahre? Weiß man nicht. So lange leben sie in Hotels. Aber «Cats» ist das Musical, zu dem alle wollen; wer als Musicaldarsteller in seinen Lebenslauf schreiben kann, dass er bei «Cats» mitgespielt hat, der hat es geschafft. Ich kann mir nur vorstellen, dass das Sozialleben dabei auf der Strecke bleibt – beziehungsweise komplett in die Musicalszene verlegt wird, denn man ist ja kaum zu Hause, womöglich hat man nicht mal eins. Mit den Kollegen ist man immer zusammen, man trifft sich dann auch bei anderen Produktionen wieder, es ist eine ei-

gene Welt – und natürlich sieht man sich auch bei Auditions und konkurriert womöglich um dieselbe Rolle.

Spätestens eine Stunde vor der Vorstellung sind alle auf der Bühne und machen sich warm. Manche liegen auch im Gang herum, man muss aufpassen, dass man nicht irgendwo über eine Halbkatze stolpert, die da ihre Dehnübungen macht. Einige sind schon geschminkt, manche haben das hautfarbene Mützchen auf, alle tragen labbrige oder knappe Sportkleidung. Ein paar Darsteller bestehen offenbar aus Gummi. Wie kann ein erwachsener Mensch so biegsam sein? Die Stimmung auf der Bühne kommt mir gleichzeitig entspannt und hochkonzentriert vor. Die Schauspieler wissen genau, wie sie sich warm machen, logisch, es ist ihr Beruf, sie müssen ja dauernd auf ihren Körper achten, sich fit und gelenkig halten und schlank am besten auch. Dabei wird gescherzt und gekuschelt, jemand hat mir erzählt, ungefähr um diese Zeit würde die Stimmung hinter der Bühne auch alberner, weil sich jetzt alle locker machen und in Spiellaune kommen müssen. Sobald das Licht im Saal ausgeht, muss man all seine Launen und Befindlichkeiten ausgeknipst haben und in seiner Rolle sein. Auch das: Wie unglaublich schwierig das sein muss. Auf der Bühne in der Rolle zu sein, vollkommen egal, wie es einem im wirklichen Leben gerade geht.

Und dann: wow! Und wie sie in ihren Rollen sind! All diese Leute, die gerade noch halb geschminkt in schlabbrigen Sportsachen mit hautfarbenen Mützchen auf dem Kopf hinter der Bühne herumliefen, sind plötzlich Katzen. Katzen mit einem sehr ausgeprägten eigenen Charakter, lauter sympathische Gescheiterte, Kleingauner, Tunichtgute, Angeber, alte und junge, dicke und dünne Katzen, die sensationell tanzen oder singen oder beides, Katzen, die sich wie Katzen bewegen und, vor allem: die ganz offensichtlich eine große Freude an dem haben, was sie da tun. Allen voran der Rum Tum Tugger, in den ich mich natürlich spontan verliebt habe, wie wahrscheinlich alle anderen Anwesenden auch, weil er einfach so hemmungslos albern ist.

Die Musik ist mir stellenweise zu laut, und da, wo sie leise ist, ist die Klimaanlage zu laut. Aber hey, ich mag die Musik! *Oh, well, I never! Was there ever a cat so clever as magical Mr. Mistoffelees?* Der übrigens ist ein irre guter Tänzer. Und das Lied ein Ohrwurm. Und *Skimbleshanks the railway cat, the cat of the railway train* kriege ich für den Rest der Woche nicht mehr aus dem Ohr. Ist mir auch vollkommen egal, ob das uncool ist, ich hatte einen interessanten Nachmittag und einen wunderbaren, abwechslungsreichen Abend, an dem ich auf wirklich hohem Niveau gut unterhalten wurde.

Aqua Bouncing

Soundtrack: Kirmesmucke, Konsens-Discopop.

Uuuund marschieren! (mz-mz-mz-mz) Eins-zwei-drei-vier, und die Knie hochziehen! Hoch, hoch, hoch, hoch, höher! (mz-mz-mz-mz) Schneller! Noch vier! Noch drei! Noch zwei! Noch eins! Und Kick nach vorn! Mit rechts! Und links! Und rechts! Und links! (mz-mz-mz-mz) Noch vier! Noch drei! Noch zwei! Noch eins! Und Kick zur Seite! Mit rechts! Und links! Und rechts! Und links! (mz-mz-mz-mz) Noch vier! Noch drei! Noch zwei! Der Letzte! Marschieren! Und rechts nach vorn und links nach hinten! Und eins! Und zwei! Und drei! Und vier! (mz-mz-mz-mz) Und Schrittsprung! Und …

Na, anstrengend zu lesen? Fragen Sie mich mal, ich hüpfe hier so rum. Auf einem Ein-Mann-Trampolin. Im Wasser. Zusammen mit vier anderen Frauen, von denen zwei sehr durchtrainiert sind und vor mir stehen, ich sehe sie die ganze Zeit, zwei stehen schräg hinter mir, ich kann nicht sehen, wie sie zurechtkommen. Jedenfalls bin ich die Einzige, die zum ersten Mal hier ist, die anderen kennen das alles schon (mz-mz-mz-mz). Wir hüpfen zu schlimmer Musik mehr schlecht als recht im Takt auf den kleinen Trampolins herum, kicken dabei nach vorne, nach hinten, zur Seite, zumindest versuchen wir es, gegen den Wasserwiderstand, ziehen die Knie hoch oder an die Seiten, werfen die Fersen an den Po, ich kippe vornüber, platsch. Man muss sich erst mal daran gewöhnen, wie man beim Springen im Wasser das Gleichgewicht hält und immer wieder auf dem Trampolin landet statt auf dem Rand oder gleich daneben. Noch dazu haben wir Schaumstoffmanschetten um Hände und Füße, das gibt Auftrieb und macht es noch anstrengender, die Füße wieder runterzukriegen oder sie überhaupt schnell genug durchs Wasser zu bewegen. Wer mir zuguckt, würde vermuten, dass ich meinen Bewegungsapparat nicht ganz unter Kontrolle habe. Ich muss kichern (mz-mz-mz-mz).

Die beiden bescheuertsten Ideen des Tages waren – nein, nicht hierherzukommen. Es ist mörderanstrengend, aber es macht auch wirklich Spaß. Die bescheuerte Idee war, eine halbe Stunde zu früh da zu sein und diese halbe Stunde mit Schwimmen zu verbringen. Wo doch schon im Internet stand: «Fitnesslevel: Fortgeschrittene». Seit wann ist mein Fitnesslevel fortgeschritten? Also. Schnapsidee, vorher auch noch zu schwimmen, nachdem ich seit ungefähr hundert Jahren nicht mehr geschwommen bin. Die zweite blöde Idee war, gar nicht erst auf die Idee zu kommen, etwas zu trinken mitzunehmen. Denn, boah, ist! das! anstrengend! Ich merke schon im Wasser, dass ich etwas trinken müsste, dringend, denn wenn ich nicht genug trinke, bekomme ich Kopfschmerzen (mz-mz-mz-mz). Ich kippe vom Trampolin, tauche mal kurz unter, um meinen erhitzten Kopf zu kühlen, wahrscheinlich habe ich schon eine knallrote Rübe, dabei sind erst zehn Minuten vergangen. Und ich kann schon nicht mehr. Das kenne ich allerdings auch vom Laufen, da kann ich immer schon nach zweihundert Metern nicht mehr, und dann geht es doch noch erstaunlich lange. Also weitermachen, gegen den Auftrieb und die Schwerkraft, ein Kick nach vorn, einer nach hinten (mz-mz-mz-mz), hü-hüpf, ein Kick nach rechts, einer nach links (mz-mz-mz-mz), Schrittsprünge, Grätschsprünge, nach zwanzig Minuten nehme ich die Schaumstoffdinger von meinen Füßen und lege sie an den Beckenrand. Ohne geht es ein bisschen leichter. Ihr könnt jetzt kurz was trinken, sagt die Trainerin, schönen Dank auch, das würde ich ja gerne. Mein Kopf wummert, ich bin kurz davor, einen Schluck Schwimmbadwasser zu trinken (mz-mz-mz-mz).

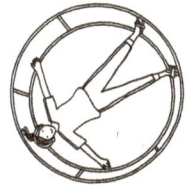

Es dauert natürlich nicht lang, bis ich das unfreiwillig tatsächlich tue. Schmeckt nicht gut.

Vierzig Minuten lang springen wir auf den Trampolinen herum. Es macht immer noch tierischen Spaß, aber länger könnte ich nicht, ich bin fix. und. fertig. Zum Abschluss machen wir fünf Minuten Dehn- und Entspannungsübungen, dann klettere ich die Leiter hoch und stelle fest, dass mir die Knie wackeln. Ich trage mein Trampolin in den Trampolinraum und bekomme noch ein Lob von der Trainerin: Für das erste Mal hätte ich das total toll gemacht, und sie würde sich freuen, wenn ich wiederkäme. Ich freue mich auch, grinse dümmlich und fange sofort an zu frieren nach so viel Anstrengung. Ich wanke zur Dusche, trinke ein bisschen warmes Duschwasser und verbringe den Rest des Abends damit, Apfelschorle in mich reinzukippen und mich von meinem Mann auslachen zu lassen, weil ich immer noch einen roten Kopf habe.

Am nächsten Tag habe ich erstaunlicherweise keinen Muskelkater.

Kochen lernen

Die Köchin sagt, es gebe drei Gruppen von Leuten, die Kochkurse besuchen: erstens solche, die den Kurs geschenkt bekommen haben, zweitens die mitgehenden Schenker (oft sind das diejenigen, die den Kurs eigentlich besuchen wollen), und die dritte Gruppe sind nur ein paar seltene Ausnahmen, die sich einfach freiwillig selbst angemeldet haben.

Tatsächlich sind drei Paare da, bei denen einer dem anderen den Kurs geschenkt hat. Wir haben aber auch einige der seltenen Ausnahmen dabei: einen Vater mit Sohn («Wir sind so 'ne Männer-WG und wollten mal unser Repertoire erweitern»), eine junge Frau, einen mittelalten Herrn und mich.

Wir sind im Nil, dem Restaurant, in dem auch der selektive Fleischesser guten Gewissens Fleisch essen kann, es werden ausschließlich Tiere von ausgesuchten Biohöfen im Hamburger Umland verwendet. Das Thema des Kurses ist «Asiatische Küche», es soll vier Gänge geben, zwei Vorspeisen, ein Hauptgericht, Dessert.

Wir werden in zwei Gruppen eingeteilt, ich lande in der Vorspeisengruppe. Wir machen Tempuraröllchen vom Lachs mit Wasabi-Gurkensalat und als Zweites einen grünen Papayasalat mit Rindfleisch und Erdnüssen. Die Haupt- und Nachspeisengruppe kocht ein Curry aus Huhn und Süßkartoffeln und eine Ingwer-Crème-brulée mit Mango. Ich entwickle auf der Stelle einen kleinen Futterneid und wäre auch lieber in der Curry- und Crème-brulée-Gruppe.

Egal, denke ich, schnibbel ich halt Salat. Der Sohn nimmt sich die Papayas vor, der Vater erteilt Anweisungen und möchte

ansonsten flirten. Der Sohn schneidet die Papaya erst mit dem Messer klein, dann versucht er, sie mit einer Reibe zu raspeln, es gibt Matsch und der Sohn auf. Ich schneide eingelegten Ingwer, presse zwei Limonen aus, filetiere eine weitere beziehungsweise versuche es. Als ich fast fertig bin, zeigt die Köchin mir, wie man Zitrusfrüchte filetiert. Geht natürlich ganz einfach. Ich rühre die Marinade an, der Vater ist ebenso verschwunden wie der Sohn, der Rest meiner Gruppe macht die spannenderen Sachen, nämlich die Tempura-Lachsröllchen. Ich schnibbele Kräuter, andere Kräuter und noch mehr Kräuter, hacke Erdnüsse und rühre Marinaden und Dressings an. Der Vater, der sich inzwischen komplett aufs Fotografieren verlegt hat, kommt vorbei, ich frage ihn, ob er vielleicht irgendwas tun kann. Er beschwert sich, den Unterton hätte er wohl gehört! Na, das hoffe ich doch. Der Sohn kommt vorbei, ich bitte ihn, mir den Wasabi zu holen. Er kommt mit einer Süßkartoffel wieder und sieht mich fragend an. Das ist eine Süßkartoffel, sage ich, Wasabi ist so eine grüne Paste in einer Tube. Ich bin durchaus nicht der Meinung, dass jeder wissen muss, wie Süßkartoffeln und Wasabi aussehen. Es ist ihm allerdings auch völlig egal. Der Sohn legt mir die Süßkartoffel hin und verschwindet, ich hole mir den Wasabi selbst und bringe auf dem Weg auch gleich die Süßkartoffel wieder weg, die ich nicht brauche. Der Sohn erzählt derweil der Fleischgruppe, dass er mal eine Sau abgestochen hat, auf Kuba, ein paar Männer haben sie festgehalten, sie hat gequiekt und sich gewehrt, und das Messer war stumpf, da musste er richtig an dem Schwein herumsäbeln, aber er hat es geschafft, irgendwann kam endlich das ganze Blut. Yeah, ganz tolle Story. Der Vater salzt das Rindfleisch.

Die Köchin zeigt uns, wie man einen Fisch aus der Decke schlägt, wie man den Lachs in Nori einrollt, ohne dass es bricht, und wie die Stäbchenprobe einem sagt, ob das Frittierfett heiß genug ist.

Sie erklärt, wie man Fleisch richtig anbrät – früh genug aus dem Kühlschrank holen, damit es Zimmertemperatur annimmt, salzen, zwanzig Minuten warten, bis sich eine feuchte Schicht gebildet hat, eine Bratpfanne (Brat-! Nicht irgendeine!) erst heiß werden lassen, dann erst das Öl hineingeben und ebenfalls richtig heiß werden lassen, dann das Fleisch rein und scharf anbraten. Im Ofen warm halten und nachgaren, und während sie all das erklärt, vergisst die Crème-brulée-Gruppe zu rühren, das Ei stockt oder so, jedenfalls wird irgendetwas klumpig. Na, mal sehen, sagt die Köchin, vielleicht kriegen wir das noch hin.

Ich rühre den Tempurateig an, zwei Leute frittieren die Lachs-Nori-Tempuraröllchen. Die Crème brulée wird in den Ofen geschoben, immer noch mit der Ansage «Na, mal sehen». Weiter hinten köchelt längst das Curry mit Huhn und Süßkartoffeln und duftet vor sich hin. Jetzt wird genauer geplant – wann müssen die Sachen gemacht werden, die *à la minute* fertig sein sollen?

Ich probiere zum hundertsten Mal das Wasabi-Dressing für den Gurkensalat und gebe zum achtzigsten Mal mehr Wasabi hinein. Ungefähr genauso oft probiere ich den Papayasalat und weiß nicht, was fehlt. Ein bisschen Zucker, schlägt jemand vor, und ja, das war's. Am Ende schmecke ich gar nichts mehr, die Köchin segnet aber alles ab, und ich rühre große Mengen Kräuter hinein. Es kann angerichtet werden!

Der Tisch war schon gedeckt, als wir ankamen. Wir stellen alle Teller auf die Arbeitsfläche und verteilen die Vorspeisen darauf, zwei Sorten Salat, auf die eine kommt das Rindfleisch, neben die andere die frittierten Lachsröllchen. Sieht hübsch aus. Vater und Sohn sitzen bereits, während alle anderen noch beschäftigt sind. Die Nachspeisengruppe guckt in den Ofen und betrachtet die Crème brulée skeptisch, die Köchin kocht schnell Kompott aus den klein geschnittenen Mangos.

Dann sitzen alle und kosten, und tatsächlich: alles toll. Perfekt

gegartes Rindfleisch, herrliche Lachs-Tempuraröllchen, erstaunlich köstliche Salate, die Kräuter haben den Papayasalat rausgerissen.

Das Hühnchencurry ist sehr lecker, aber nicht spektakulär, dabei haben sie sogar die Currymischung selbst gemörsert. Es sieht auch eher selbstgekocht aus als nach schickem Restaurant, aber es ist ja auch kein Foodstylingkurs. Das Einzige, was wirklich nicht geklappt hat, ist die Crème brulée. Sie ist auch nach langer Zeit im Ofen noch recht flüssig, wir essen sie trotzdem, geschmacklich ist sie gut, aber in der Konsistenz leider verunglückt. Fällt wohl unter *shit happens*. Ich weiß immer noch nicht, wie man Crème brulée macht, das hätte ich aber auch nicht gewusst, wenn sie gelungen wäre. Aber wir dürfen die Rezepte natürlich mit nach Hause nehmen, falls es mich also mal überkommt, könnte ich mir einen Bunsenbrenner kaufen und Crème brulée machen. Rühren nicht vergessen.

Mit dem letzten Löffel flüssiger Crème mit Mangokompott stehen Vater und Sohn auf, es tue ihnen leid, aber sie müssten jetzt wirklich los. Wir anderen räumen auf, spülen, wischen, putzen, räumen die Spülmaschine ein und halten noch ein Schwätzchen.

Netter Nachmittag, lecker gegessen. Dass ich außerdem allerlei gelernt habe, geht mir erst in den nächsten Tagen so richtig auf.

Casino

Wenn ich erzähle, was ich vorhabe, fragen alle als Erstes, was ich anziehe beziehungsweise ob ich überhaupt was anzuziehen habe. Ob ich ein Ballkleid besitze. Ich besitze kein Ballkleid, das braucht man aber auch gar nicht. Es ist vielmehr vollkommen egal, was man anhat, vorausgesetzt, man ist eine Frau. Als Mann muss man ein Jackett tragen, notfalls kann man für fünf Euro eins ausleihen. Als wir unsere Jacken abgeben, zieht gerade jemand so ein Leihjackett an und gleich wieder aus. Ob er bitte ein anderes haben könne, dieses rieche doch zu sehr nach Angstschweiß. Die Garderobiere verdreht die Augen.

Wir bezahlen unseren Eintritt von zwei Euro, und unsere Ausweise werden kontrolliert. Nein, wir sind nicht gesperrt, wir dürfen ins Casino. Wir sind zu viert: Schorsch, der gelegentlich hierher kommt und heute Abend unser Leithammel sein soll, Nicole, Inka und ich, die wir alle zum ersten Mal hier sind. Wir nehmen uns kleine Heftchen mit, in denen steht, wie Roulette und Black Jack funktionieren, und dann holen wir uns erst mal etwas zu trinken und sehen uns um.

Schorsch erklärt uns Roulette. Wir schauen parallel in das Heftchen und an die Spieltische, kapieren in groben Zügen, unterhalten uns nebenbei und lachen sogar manchmal. Das ist hier sonst wohl eher unüblich. Die meisten Leute scheinen allein hier zu sein, höchstens zu zweit, man redet nur das Nötigste, und uns wird schnell klar: Die sind alle nicht zum Spaß hier. Alle sind konzentriert und zutiefst ernst, bis auf einen großen, blonden Herrn, der wie eine Flipperkugel von einem Roulettetisch zum anderen flitzt und an vier Tischen gleichzeitig spielt. Man möchte gar nicht

wissen, welche Drogen da noch im Spiel sind, mit Adrenalin allein dürfte das kaum zu schaffen sein.

«Dann fangen Sie doch erst mal mit zwanzig Euro an», sagt die Dame an der Kasse, wo man Geld in Jetons umtauscht, «das genügt für den Anfang.» Ich hatte mir zwar vorgenommen, einfach mal hundert Euro auf den Kopf zu hauen, aber gut, wenn sie meint, zwanzig reichen, dann reichen zwanzig ja wohl. Ich bin so ekelhaft brav und vernünftig. Ein Jeton ist zwei Euro wert, wir gehen mit unseren kleinen Stäpelchen von zehn Jetons an einen Roulettetisch. Dort sitzt eine alte Dame, die akribisch alles mitschreibt. Was hat sie vor, ein System herausfinden? Wahrscheinlichkeiten errechnen, um dann besser vorhersagen zu können? Da sind doch schon Generationen von Mathematikern dran gescheitert.

Inka verkündet, sie hasse es übrigens, zu verlieren, komme damit nicht gut zurecht, schon bei Mau-Mau nicht, und werde, falls sie verliere, umgehend schlechte Laune bekommen. Wir beschließen, dass sie gewinnen soll, sie hat schon überzeugend genug von ihrem Scheißtag erzählt. Ich gucke noch ein Spiel lang zu, dann setze ich todesmutig einen Jeton irgendwohin. Schorsch schiebt dem Croupier vier Jetons hin und sagt: «Ein Zero-Spiel bitte», wahnsinnig professionell wirkt das, ich bin beeindruckt und frage, was das bedeutet. Der Croupier ist sehr nett und erklärt uns alles, währenddessen bleibt die Kugel auf irgendeiner Zahl liegen, und mein Jeton ist weg. Beim nächsten Spiel setze ich in einer Anwandlung von Tollkühnheit glatt noch einen zweiten Jeton irgendwohin, die sind dann auch beide weg. Roulette ist doof.

Inka gewinnt. Mein Häufchen wird kleiner, ihres größer, ich setze mehr Jetons, und auf einmal gewinne ich, und zwar gleich mehrere Jetons auf einmal. Ich freue mich und kann es gar nicht fassen, gewonnen!, und hüpfe ein bisschen herum, der Croupier lächelt milde. Die alte Dame scheint uns immerhin auch freundlich gesinnt, sagt aber keinen Ton. Alle anderen verscheuchen wir früher oder später mit unserem Gekicher und Gerede und unseren dummen Fragen. Insgesamt füllt der Saal sich langsam, inzwischen rotieren mehrere Spieler durch den Raum und spielen an vier Tischen gleichzeitig. Keine Ahnung, wie sie da den Überblick behalten. Huch, schon wieder gewonnen. Inka hat schon wieder verloren. Ich entschuldige mich bei ihr. Die alte Dame schreibt mit, und ich stelle Überlegungen über Wahrscheinlichkeitsrechnung an, ich habe keine Ahnung von Mathematik, aber die Wahrscheinlichkeit ist doch bei jedem neuen Spiel dieselbe, oder? Also, auch wenn schon viermal hintereinander die Siebzehn gefallen ist, dann ist die Wahrscheinlichkeit, dass beim nächsten Spiel die Siebzehn fällt, trotzdem wieder genauso hoch wie immer, nämlich 1:36, oder? Die ganze Mitschreiberei also Kokolores? Mir fällt Achim Reichel ein: «Er setzt alles auf die Siebzehn ... und ... Siebzehn fällt!» Wir wollen nach diesem Spiel eine Pause machen, aber erst mal setze ich, nun ja, natürlich nicht alles auf die Siebzehn, ich feiges Stück, sondern nur einen Jeton auf eine Ecke der Siebzehn ... und ... Siebzehn fällt!

Inka hat alles verloren. Ein herrlich dramatischer Satz, wenn «alles» zwanzig Euro sind. Ich hingegen zähle vollkommen verdattert meine Jetons: 35 Stück. Siebzig Euro. Ich hatte doch nur zwanzig umgetauscht! Ich habe in einer Dreiviertelstunde meinen Einsatz verdreieinhalbfacht und finde Roulette eigentlich ganz cool. Nur mich selbst, mich finde ich uncool. Hätte ich mal hundert Euro umgetauscht! Oder zweihundert! Dann hätte ich jetzt ... äh, nee, Moment, da muss irgendwo ein Denkfehler stecken.

Wir trinken noch etwas, Schorsch und Nicole haben jeweils ein bisschen gewonnen oder verloren, Inka ist geknickt und geht noch einmal für zwanzig Euro Jetons eintauschen, und ich kann es gar nicht fassen. Glück im Spiel war doch noch nie meine Stärke.

Ich stecke fünfundzwanzig Jetons in meine Handtasche, fünfzig Euro, und beschließe, sie nicht mehr anzurühren und die zweite Runde wieder mit zwanzig Euro zu beginnen.

Eine Ecke des Saals ist abgetrennt, dort sitzen finstre Männer in dunklen Anzügen um Tische. Die Pokerecke. Irgendjemand raunt, da dürfe man nur nach Voranmeldung oder sogar nur auf Einladung rein – irgendwie schwappt aus dem Teil des Raums auch so ein Mafiagefühl, dass man gar nicht näher rangehen und zugucken möchte. (Habe ich schon erwähnt, dass ich feige bin? Mal ehrlich, was soll da schon sein?)

In der zweiten Runde wollen wir Black Jack spielen, das kann Schorsch auch nicht, keiner von uns kann es. Ein Tisch ist voll, am anderen sitzt nur eine Koreanerin, Schorsch und ich setzen uns dazu und fragen artig an, ob wir zugucken dürften. Auch dieser Croupier ist sehr nett und klärt uns als Erstes auf, dass hier gar nicht Black Jack gespielt wird, sondern Ultimate Texas Hold'em. Das ist eine Art Poker gegen die Bank, er erklärt uns alles genau, redet dabei aber dermaßen wirr, dass wir kein Wort verstehen. Irgendwann haben wir immerhin begriffen, ob die Koreanerin oder die Bank gewonnen hat, aber was sie wann wie setzt und warum sie wann wie viel gewinnt, ist uns vollkommen schleierhaft. Wir kehren daher an den Roulettetisch zurück, wo Inka schon wieder verliert und die alte Dame immer noch mitschreibt. Einige neue Leute spielen mit unglaublichen Mengen an Jetons in allen möglichen Farben und Wertigkeiten. Ich lege ein paar Jetons irgendwohin und passe gar nicht richtig auf, was mit ihnen passiert, weil ich stattdessen fasziniert zuschaue, wie Leute innerhalb kürzester Zeit Hunderte von Euro verspielen und nicht mal mit der Wimper zucken.

Und ratzfatz habe ich auch verspielt, nämlich meine zweiten zwanzig Euro. Den letzten Jeton lege ich noch einmal auf die Siebzehn, diesmal wirklich drauf, hoho! Verwegen! Es kommt irgendeine andere Zahl, und nichts geht mehr, meine zweite Runde Spielgeld ist alle. Ich tausche die fünfzig Euro ein, die ich noch in Jetons in der Handtasche habe und die am Anfang des Abends noch zwanzig Euro waren. Insgesamt habe ich meinen Einsatz also verzweieinhalbfacht, prozentual ist das natürlich super, in ganzen Zahlen macht es einen Gewinn von dreißig Euro. Nun ja, immerhin. Inka hat vierzig Euro verspielt, Schorsch hat ein bisschen verloren, Nicole ein bisschen gewonnen, beide nicht viel. Inka bleibt tapfer, wir merken nichts von der angekündigten schlechten Laune. Dazu war der Abend auch insgesamt zu nett, wir haben reichlich gelacht, meist auf Kosten der anderen Spieler, die offenbar keinen netten Abend hatten. Und für die Zukunft nehme ich mir vor, nicht immer so artig und vernünftig zu sein und bei nächster Gelegenheit mal was zu riskieren. Wenn auch nicht unbedingt im Casino.

Faszination Darm

Faszination Darm. FASZINATION DARM! Das muss man sich mal, Verzeihung: auf der Zunge zergehen lassen. *Fas-zi-na-tion Darm.*

FASZINATION DARM (jawohl, in Großbuchstaben) ist, so ist es auf der Webseite zu lesen, Europas größtes Darmmodell. Schon mal ein spitzenmäßiger Superlativ, die Burda-Stiftung hat also den längsten, dann wäre das auch geklärt. Tatsächlich handelt es sich bei FASZINATION DARM um eine hüpfburgartige, aufblasbare, zwanzig Meter lange, fleischwurstfarbene ... nun: Fleischwurst. Das Hüpfburgartige daran erstreckt sich leider nicht auf den Boden, der ist fest, schade eigentlich, das hätte doch viel mehr Spaß gemacht. So aber kann man einfach auf festem Boden durchgehen, durch den Darm. Durch zwanzig Meter rosa Fleischwurst-Hüpfburg-Darm. Wenn das nur Europas größter Kunstdarm ist, frage ich mich, was mag das größte Darmmodell der Welt sein? Ein dreißig Meter langes Marshmallow in den USA? Eine vierzig Meter lange Glasnudel in China? Ich bin nicht sicher, ob ich es wissen möchte.

Der Darm eines erwachsenen Menschen, das entnehme ich ebenfalls der Webseite, ist acht Meter lang – «Faszinierend, oder?». Jau. Faszinierend. Wie mich die Webseite überhaupt schwer beeindruckt. Da gibt es beispielsweise ein kleines Video, in dem die aufgepumpte Fleischwurst in einer regennassen, asphaltgrauen Fußgängerzone vor einer Drogeriekettenfiliale liegt, untermalt von «schmissiger» Musik und mit O-Tönen der Vorsitzenden der Burda-Stiftung, eines Arztes und einiger Besucher. Eine Besucherin sagt tatsächlich, besonders gut habe ihr die 3-D-Darstellung der Geschwüre gefallen. Kurz glaube ich, die ganze Webseite sei womöglich Satire, denn da stehen im Ernst Sätze wie «Das Darmmodell macht Darmkrebsvorsorge auf sympathische Art anschaulich und erlebbar». Ich hätte mir eine erlebte Darmkrebsvorsorge ja irgendwie praktischer, konkreter vorgestellt. Nicht nur einmal durch die Hüpfburg gehen. Oder: «Mieten Sie FASZINATION DARM für Ihre Veranstaltung und nutzen Sie seine Einzigartigkeit für Ihre Kommunikation.» Gute Idee, vielleicht mieten wir FASZINATION DARM mal für eine Party bei uns zu Hause, unser Flur ist zwar nicht zwanzig Meter lang, aber «Bei Platzmangel kann Teilstück B (Entzündliche Darmerkrankungen) unberücksichtigt bleiben». Ich stelle mir das sehr schön vor, wenn man zur Wohnungstür reinkommt und gleich im Darm ist, der sich dann durch die Wohnung schlängelt. Würde bestimmt für einzigartige Partykommunikation sorgen.

Oder hier, mein Lieblingssatz: «FASZINATION DARM zeigt das Tabu-Organ als sympathisches Anschauungsobjekt.» Ich wusste nicht mal, dass es Tabu-Organe gibt. «Du, die Milz finde ich auch irgendwie voll nett, aber der Darm, also nee, der macht doch echt nur Scheiß.» Aber das war gestern, heute gibt es ja FASZINATION DARM, da kann man sich das mal angucken und zack: «Nee, du, der Darm ist eigentlich wirklich total sympathisch, wenn man den erst mal richtig kennenlernt.» Überhaupt erstaunlich, wie oft darauf hingewiesen wird, dass die aufgeblasene Fleischwurst sympathisch sei. Muss einem ja auch gesagt werden.

Und dann steht da noch: «Viel Spaß».

Hallo? Das Thema, um das es eigentlich geht, ist Darmkrebsvorsorge! Krebs ist doch kein Spaß, und er wird durch eine aufblasbare Wurst auch weder sympathisch noch «erlebbar». Glücklicherweise. Auch die Vorsorge übrigens nicht. So, Schluss mit der Webseite, rein in den Darm. Oder, um es doch noch kurz

mit der Webseite zu sagen: «Treten Sie ein in FASZINATION DARM!»

Man geht also durch diese zwanzig Meter lange rosa Wurst. An den Wänden ändert sich das Zartrosa zunächst zu einem dunkleren, gefleckten Ton: *Colitis ulcerosa*. Ehrlich gesagt, emotional ist das wenig beeindruckend. Und es wird auch mit den plastisch dargestellten Polypen, Wucherungen und Geschwüren nicht überzeugender, denn hey, das hier ist eine aufgeblasene rosa Plastikwurst, in der pilzförmige Beulen in unterschiedlichen Rosatönen von der Decke hängen. Es mag an mir liegen, vielleicht bin ich für diese Art Aufklärung nicht empfänglich, aber ich habe nicht das Gefühl, dass die rosa Wurst irgendwas mit meinem Körper zu tun hat; mir kommt dieser überdimensionierte Disneydarm schlicht albern vor. Nichts gegen Albernheiten, aber FASZINA-TION DARM ist offenbar ernst gemeint, das Thema bietet sich ja auch nicht gerade für Albernheiten an. Mir fällt auch kein guter Grund dafür ein, das Thema Darmkrebs zum «Erlebnis» zu machen.

Am Ende stehen auf einer Tafel drei Fragen, und je mehr man davon mit ja beantworten kann, desto dringender sollte man eine Darmspiegelung machen lassen. Wir sind zu zweit und können glücklicherweise beide alles mit nein beantworten. Am Darmausgang machen wir ein paar schlimme Arschloch-Witze und dann einen langen Spaziergang durch den Hamburger Osten und verlieren kein Wort mehr über FASZINATION DARM. War wohl doch nicht so faszinierend, wie die Webseite verspricht.

Faszination Dom

Ich habe alles gegeben. Ich bin vor nichts zurückgeschreckt, oder vor fast nichts, ich habe alles gemacht. Ich war auf der Kirmes, und zwar richtig.

Ich bin zu Anfang beschaulich und gemütlich Riesenrad gefahren und habe bei strahlend blauem Himmel von oben auf die Stadt geguckt.

Ich habe mich im Shaker durch die Luft schleudern lassen, über mindestens drei Achsen gedreht, genau konnte ich es nicht nachzählen, weil ich damit beschäftigt war, mich darüber zu wundern, dass ich überhaupt in dieser Höllenmaschine sitze, und darüber, dass man doch ein gewisses Vertrauen in die *jungen Männer zum Mitreisen* zu haben scheint, und darüber, wie zum Teufel Ricki es geschafft hat, mich in dieses Ding zu kriegen, nachdem ich ja eigentlich angekündigt hatte, nicht mit so was zu fahren, und damit, froh zu sein, dass die einzelnen Wägelchen sich wenigstens nicht auch noch überschlagen, und dann überschlugen sie sich, und ich war damit beschäftigt, mir selbst gut zuzureden, dass ich nicht rausfallen werde, dass der Sicherheitsbügel sich nicht lösen wird, dass ich auch nicht rausgeschleudert werde, dass alles gut ist und dass die netten jungen Männer zum Mitreisen ganz bestimmt alle Schrauben ganz fest angezogen haben, und außerdem war ich damit beschäftigt, mich festzuklammern und alle Muskeln meines Körpers anzuspannen, und dann war es vorbei, und ich bin ausgestiegen, und mir haben die Knie gezittert, und ich war froh, dass ich den Programmpunkt «bescheuertes Fahrgeschäft» damit hinter mir hatte. Iris wirkte auch nicht wesentlich entspannter.

Ich bin durch einen Parcours gegangen, in dem ich über sich

drehende Scheiben lief, über wegsackenden Boden, mich zwischen gepolsterten Drehdingern durchquetschte wie in einer Autowaschanlage, über Wackeldinger und Zitterdinger und Kipp- und Wipp- und Schwankdinger lief, an Zerrspiegeln vorbei und schließlich in einem Glasscheiben-Labyrinth landete, aus dem Ricki und ich erstaunlich lange nicht hinausfanden, während Iris uns von draußen aus zusah und sich kaputtlachte, wenn wir immer wieder durch dieselben Gänge irrten und vor dieselben Scheiben rannten und uns ebenfalls kaputtlachten und dann plötzlich doch draußen standen und nicht wussten, wie das gegangen war. Ich glaube, sie haben uns ausgetrickst und irgendwann irgendwo heimlich eine Wand verschoben.

Ich habe keine Zuckerwatte gegessen.

Ich bin mit der Wildwasserbahn gefahren, die mit Sicherheit sehr aufwendig zu betreiben ist, dann aber doch nicht so viel Spaß macht wie gedacht, außer dass man ein bisschen nass wird. Das Wasser stinkt.

Ich habe den Betreiber des Hau-den-Lukas verblüfft, indem ich seine Frage, ob ich Ricki «testen» wolle, verneinte und sagte, ich wolle vielmehr selbst den Lukas hauen. Ich habe den Lukas gehauen und eine Plastikrose gewonnen. Trostpreis. Zu Hause habe ich nicht herausbekommen, wieso der Lukas Lukas heißt.

Ich habe Schmalzgebäck gegessen.

Ich bin mit Iris in einer kleinen Geisterbahn gefahren, in winzigen Wägelchen, wo wir nur mit angezogenen Knien reinpassten und in der es wahnsinnig laut rumpelte und alles hydraulisch Betriebene fürchterlich zischte und dauernd Sargdeckel oder andere Türen aufflogen und fluoreszierende Skelette oder finstere Monster herauskamen und «huhuuu!» oder «hohoo!» machten und wir die ganze Zeit lachen mussten, weil das alles so niedlich war.

Ich habe keine Lose gekauft, weil es nur Müll zu gewinnen gab.

Hässliche, bunte, unfassbar billig aussehende Plastik-Plüschtiere und so Zeug.

Ich habe im Feldkeller ein Bier getrunken, obwohl ich kein Bier mag, aber auf dem Dom muss das.

Ich habe die Frau ohne Unterleib und die Frau ohne Kopf gesehen, und ich habe mir von einer jungen Frau zum Mitreisen aus der Hand lesen lassen. Ich habe erfahren, dass es beruflich bei mir mit Anfang dreißig, so zweiunddreißig, fünfunddreißig, noch nicht so richtig losgehen wird, sie wisse nicht, warum, aber so ab vierzig würde es dann ganz toll werden. Ich habe ihr nicht gesagt, dass ich dreiundvierzig bin.

Ich habe eine Helgoländer Waffel geschenkt bekommen und sie nach zwei Bissen weggeworfen.

Ich bin auf dem Toboggan ganz schnell auf einem Band eine schiefe Ebene hochgezogen worden, um dann von oben eine lange Holzrutsche wieder runterzurutschen. Ich fand, man rutscht insgesamt viel zu wenig, so im normalen Erwachsenenleben. Ich habe mich mit Iris zusammen über Ricki amüsiert, der meinte, er bräuchte die Hilfe des jungen Mannes zum Mitreisen nicht.

Ich war nicht in dem Piratending, wo draußen einem riesigen Hai ein blutiges Bein aus dem Maul hängt.

Ich habe geschossen. Zum allerersten Mal in meinem Leben hatte ich eine Schusswaffe in der Hand, ein irre schweres, langes Gewehr, und ich wusste nicht, wie man es handhabt. Ich fand mich selbst widerlich, weil ich Schießen widerlich finde. Der junge Mann zum Mitreisen und Ricki haben mir erklärt, wie das geht und wie ich es anlegen muss und wo ich entlanggucken muss, und dann ging der erste Schuss daneben, und ich habe den Ehrgeiz entwickelt, es den kichernden Männern um mich herum zu zeigen, und bei den nächsten zehn Schuss habe ich getroffen. Alle zehn. Ich habe Ricki und den jungen Mann zum Mitreisen aufgefordert, bitte schön beeindruckt zu sein, und ich habe zwei

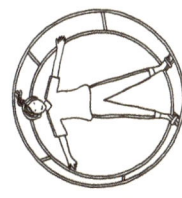

Feuerzeuge gewonnen. Ich habe vor vier Jahren aufgehört zu rauchen.

Ich habe beim Kamelrennen Bälle in Löcher gekullert und bin in der ersten Runde überhaupt nicht vorangekommen und in der zweiten Runde Zweite geworden. Damit gewinnt man aber nichts. Ricki und Iris haben auch nichts gewonnen.

Ich habe lange vor dem Airwolf gestanden, als es schon dunkel war und er in all seiner blinkenden Buntheit eine bizarre Schönheit hatte, und mich gefragt, wie man so wahnsinnig sein kann, sich da reinzusetzen. Ricki hätte es getan, glaube ich.

Ich war nicht im Mäusezirkus.

Ich war noch in einem zweiten Irrgarten mit Dreh-, Wipp-, Wackel-, Wegsack-, Zitter- und Schwankdingern, und am Ende bin ich noch einmal eine lange Rutsche runtergerutscht.

Ich war fast vier Stunden auf dem Dom und hatte großen Spaß, und für den Rest meines Lebens reicht es dann auch wieder.

Weinprobe

Internet ist super. Ohne Twitter wäre ich im Leben nicht auf die Idee gekommen, in Rom eine Weinprobe zu besuchen. Aber aus verschlungenen Gründen lese ich schon seit geraumer Zeit die Tweets von vinoroma. Hinter vinoroma steht Hande Leimer, eine Deutschtürkin, die jetzt in Rom lebt. Sie twittert mal Deutsch, mal Englisch, mal Italienisch, gelegentlich auch Türkisch. Wenn man sie fragt, woher sie stammt, sagt sie «aus Europa».

Als wir also beschlossen hatten, in den Osterferien für ein paar Tage nach Rom zu fahren, lag es nahe, ein *wine tasting* bei ihr zu buchen. Ich trinke gerne Wein, habe aber keine Ahnung davon; meist teile ich Wein in zwei Kategorien ein, nämlich «lecker» und «nicht so lecker», und das ist auch nur ein ganz kleines bisschen übertrieben. Ich verstehe nichts von Anbaugebieten, Rebsorten, Hanglangen, Alter, Barriquefässern und all dem und kaufe Wein mehr oder weniger nach Etikett-Hübschheit.

Die paar Weinproben, in die ich schon mal geraten bin, waren im Prinzip Verkaufsveranstaltungen bei Winzern oder in Weinläden. Man probiert, und dann soll man am besten gleich kistenweise bestellen. Hande Leimer hingegen verkauft überhaupt keinen Wein, sie macht etwas ganz anderes, nämlich sogenannte *wine education*. Man lernt bei ihr das Weintrinken.

Die Verkostung findet in Handes Wohnung in einem Palazzo aus dem 19. Jahrhundert statt, direkt am Ufer des Tibers, mit herrlichen, handbemalten Bodenfliesen. Eigentlich möchte man gleich dort einziehen. Wir haben das Angebot «My Italians» gebucht, bei dem sechs italienische Weine verkostet werden, drei weiße und drei rote. Insgesamt sind zwölf Personen da, und damit ist

der Tisch auch voll besetzt. Eine gute Gruppengröße – mit mehr Leuten würde es zu rummelig (und zu eng), mit weniger vielleicht nicht so lustig. Die Verkostung findet auf Englisch statt, die Teilnehmer kommen aus den USA, aus Schottland, Irland, Ecuador, Österreich und Deutschland; ich bin erstaunt, dass so viele junge Leute dabei sind, ich hatte eher mit gesetzterem Publikum gerechnet. Alle stellen sich kurz vor und erzählen etwas über ihr Verhältnis zum Wein. Wer trinkt am liebsten was, welche Farbe, welche Weine, aus welchen Ländern, wer kennt sich aus, wer hat keine Ahnung? Ein etwas älteres amerikanisches Paar hat ein bisschen Ahnung, alle anderen nicht so sehr. Hande erklärt uns … oje, wie soll ich jetzt noch wissen, was sie uns in zwei vollgepackten Stunden, in denen mein Alkoholpegel stetig anstieg, alles erklärt hat? Als Allererstes stellt sie jedenfalls klar, dass Geschmack immer etwas Persönliches ist und es kein «richtig» und «falsch» gibt. Was dem einen schmeckt, mag der andere vielleicht nicht so, na und? Und man nimmt Geschmäcker und Gerüche auch unterschiedlich wahr, es kann einem also niemand sagen, wie dies oder jenes riecht oder schmeckt. Wenn man findet, der Wein schmeckt nach Bananen, dann schmeckt er eben nach Bananen.

Dann schenkt sie uns den ersten Weißwein ein, einen Rjgialla Selenze von 2009. Sie erklärt, wie man den Wein vor eine weiße Serviette hält, um die Farbe besser sehen zu können, und was die Farbe einem sagt (Kurzfassung: je gelber, desto mehr Sonne hat er bekommen). Dann zeigt sie uns, wie man den Wein im Glas herumschwenkt und darauf wartet, dass die Tropfen am Glasrand hinunterlaufen, und was diese Tropfen einem alles sagen (Kurzfassung: je zäher und langsamer, desto höher der Alkoholgehalt). Wow! Ich bin beeindruckt, das wusste ich alles gar nicht. Da wissen wir also anhand von Farbe und Tropfenbildung schon mal, dass dies ein Wein aus Norditalien ist, wo er nicht so viel Sonne bekommen hat, und dass er einen eher niedrigen Alkoholgehalt hat. Der Amerikaner steckt die Nase ins Glas und riecht, Hande schimpft. Sie sei eine sehr strenge Lehrerin, verkündet sie, und Riechen sei noch nicht dran.

Als Riechen dran ist, stecken wir alle die Nase ins Glas. Frucht, denke ich. Aber ich komme nicht drauf, welche. Aprikose? Pfirsich? Hm. Frucht. Pfirsich? Nicht so richtig. Der Amerikaner trinkt schon mal einen Schluck, aber Trinken ist noch nicht dran. Riechen ist dran. Drei Leute sagen gleichzeitig: Ananas. Zwei weitere: Birne. Klar, stimmt. Ananas. Dass ich darauf nicht gekommen bin! Es riecht wirklich nach Ananas. Und ein bisschen nach Birne.

Dann dürfen wir trinken. Säuerlich. Ganz okay. Och, na ja. Eher so mittel. Hm. Die anderen lächeln. Ich finde den Wein nicht so super. Wir reden über Spucke, alle sind sich einig, dass der Wein die Speichelproduktion anregt. Mein Mund ist total ausgetrocknet, da wurde nichts angeregt, ich hab keine Spucke. Wie kann das denn sein? Ich probiere noch einen Schluck, meine Speicheldrüsen ziehen sich zurück, vielleicht habe ich gar keine. Alles total trocken. Hilfe, mit mir stimmt was nicht! Die anderen witzeln, sie würden mich auch so akzeptieren, wie ich bin.

Hande sagt, das sei interessant, ein sehr kleiner Teil der Menschheit reagiere nämlich auf andere Säuren als der große Rest, ungefähr 3 %, und ich sei die Erste, die sie trifft. Ha! Vielleicht bin ich doch nicht zu doof zum Weintrinken, sondern nur ein bisschen anders als die anderen Kinder.

Und so probieren wir uns durch sechs Weine. Wir betrachten die Farbe, schwenken den Wein im Glas, lauschen Handes Ausführungen über Anbaugebiete und Qualitätsstufen, wie sich französische und italienische Qualitätssiegel unterscheiden, dass italienische Weine nicht nach Rebsorte, sondern nach Anbaugebiet klassifiziert werden, «*What grows together, goes together*», und bekommen insgesamt so viel charmant vorgetragene In-

formationen, dass ich eigentlich alles noch zwei, drei Mal hören müsste, um es mir zu merken. Zwischendurch riechen wir am nächsten Wein. Wir riechen verschiedene Obstsorten, alte Socken, Kräuter, Stein, Metall, Altenwohnheim und schmecken ebenfalls verschiedene Obstsorten, Beeren, Kräuter, Salz und glücklicherweise keine alten Socken und kein Altenwohnheim.

Ich bekomme Hunger und esse reichlich frisches Brot dazu. Die Amerikanerin neben mir lässt die dunkle Kruste liegen, ich bin versucht, sie ihr vom Teller zu nehmen und selbst zu essen. Das Beste am Brot! Die Stimmung wird derweil kicheriger, ich kann mir gar nicht erklären, warum. In der Mitte des Tisches stehen Kübel, in die man den Rest aus dem Glas kippen kann, wenn der nächste Wein dran ist, aber mal ehrlich, das ist doch Alkoholmissbrauch.

Niemand mag alle sechs Weine gleich gern, jeder hat seine Favoriten und einen oder zwei, die er nicht so mag. Die sechs Weine sind sehr unterschiedlich, jeder hat ganz entschieden seinen eigenen Charakter. Am Ende haben wir alle viel gelernt, sogar die amerikanischen Bescheidwisser. Und demnächst werde ich immer schön Gläser schwenken, die Nase reinstecken, wissend «Ananas» oder «alte Socken» murmeln und kundtun, dass Weißweine ja unterschätzt werden und ich eine andere Säurerezeption habe als andere. Und wenn ich mal wieder in Rom bin, buche ich eins der anderen Angebote bei vinoroma. Es gibt noch viel zu lernen.

Die Stapellauf

Ob ich mit auf eine Schiffstaufe und einen Stapellauf möchte, fragt Brigitte am Telefon. Was für eine Frage! Natürlich will ich. Und so fahren wir an einem kühlen und ungemütlichen Dienstagmorgen in aller Herrgottsfrühe zur Hitzler-Werft in Lauenburg an der Elbe. «Alle Herrgottsfrühe» ist bei Freiberuflern etwas später als bei anderen Leuten, wir finden es echt hart, um kurz vor neun schon im Zug zu sitzen, und uns sehr tapfer. Aber für eine Schiffstaufe ist uns nichts zu schwer. Dafür stehen wir sogar klaglos am zugigen Bahnhof im zugigen Lüneburg und lassen uns von einem windigen Typen vollquatschen, während wir auf den Bus nach Lauenburg warten. Wieso um alles in der Welt liegt so eine Schiffswerft am Ende derselben?

Ich habe einen schrecklich lästigen Ohrwurm. In Rainald Grebes Lied *Ich bin der Präsident* geht es um den Alltag eines Bundespräsidenten, es ist ein wundervolles und sehr lustiges Lied, und darin heißt es unter anderem: «Ich werde heute eine Fäääähre taufen!» An mehr Text erinnere ich mich leider nicht. Also singe ich den ganzen Morgen vor mich hin: «Ich bin der Präsident. Ich werde heute eine Fäääähre taufen!» Aber erst mal fahren wir Bus.

In Lauenburg liegt die Werft direkt am Bahnhof. Wir marschieren einfach in die Halle hinein, niemand hält uns auf, kein Tor ist verschlossen, die paar Leute, die dort herumlaufen, würdigen uns keines Blickes. Brigitte weiß, wo wir hinmüssen, sie war ein paar Wochen vorher beim «Tag des offenen Industriedenkmals» schon einmal hier. Daher wusste sie auch, wann der Stapellauf stattfindet und dass man da einfach zugucken kann. Ich werde heute eine Fäääähre taufen!

In Wahrheit werden wir heute keine Fähre taufen, sondern einen Eisbrecher, und zwar auf den Namen «Keiler». Schiffe sind ja immer weiblich, *die* Titanic, *die* Cap San Diego, es stört mich nicht mal bei *die* Rickmer Rickmers. *Die* Keiler allerdings klingt erst mal komisch, aber man wird sich dran gewöhnen; *die* Wildsau wäre jedenfalls auch nicht unbedingt ein besserer Schiffsname gewesen.

Wir stehen ein bisschen herum, und wir gehen ein bisschen herum, langsam trudeln ein paar weitere Leute ein, es passiert nicht viel. Aus einem Lautsprecher scheppern Shantys, das ist gut, vielleicht helfen die gegen meinen Präsidenten-Ohrwurm. Der oder die Keiler steht am Rand der Halle, daneben befindet sich eine Treppe zu einem offenen Galeriegang etwas höher an der Hallenwand, von dem aus man das Schiff sozusagen auf Augenhöhe betrachten kann statt nur von unten. Betreten kann man es über eine Gangway auch, darf man aber nicht. Auf dem Schiff sind ein, zwei Leute mit irgendetwas Undurchschaubarem beschäftigt, unten um das Schiff herum ebenfalls, wir warten. Ich werde heute eine Fähre taufen.

Neben der Keiler (hm, na ja, geht so) ist eine etwas erhöhte Bühne aufgebaut, mit einem Mikrophon drauf, und hinten hängt an einer Seilkonstruktion die Sektflasche für die Taufe. Sekt gibt es übrigens auch an einem langen Tisch an der Wand, sehr nett. Wir holen uns ein Glas, wir sind der Präsident.

Dann endlich tut sich was: Ein Teil der Keile, mit denen die Keiler (ha!) auf der schrägen Rampe befestigt ist, wird losgeschlagen. Ich würde mich ja nicht darum reißen, unter ein Schiff zu kriechen und mit einem schweren Vorschlaghammer Befestigungen zu lösen, aber ich verstehe auch sowieso nicht genau, wie diese Keile das Schiff gehalten haben und wovon es jetzt gehalten wird. Es steht mit dem Kiel auf einer etwas breiteren Schiene, ansonsten wird es nur durch seitlich ziemlich weit unten angebrachte, bremsklotzförmige … Dingsbumse gehalten.

Auf der Bühne passiert jetzt auch etwas, drei Männer und eine Frau stehen dort, ich wette, die Frau wird heute einen Keiler taufen. Aber zuerst spricht ein distinguierter älterer Herr, Herr Hitzler persönlich, wie sich herausstellt. Dann ein etwas jüngerer Herr vom Wasser- und Schifffahrtsamt Lauenburg.

Wir erfahren, dass die Keiler noch eine ganze Reihe älterer Geschwisterschiffe hat. Sie heißen Wolf, Stier, Widder, Wisent und Büffel, ich habe vergessen, wie viele es insgesamt sind. Das älteste Schiff aus dieser Reihe ist die Elch (doch, geht, *die* Elch) von 1935. So ein Eisbrecher, sagt der Herr vom WSA, ist ja ein stabiles Schiff und nicht besonders oft im Einsatz, daher könnten Eisbrecher – man beachte die Wortwahl: ein sehr hohes Lebensalter erreichen. Ich finde es irgendwie rührend, wie sehr Schiffe mit menschlichem Vokabular bedacht werden, aber ich habe natürlich auch vollstes Verständnis dafür. Schiffe sind super und müssen geachtet und geehrt werden, das ist schon richtig so.

Dann spricht die Frau, nämlich Frau Kalytta vom Lauenburger WSA, aber sie spricht nicht zu uns, sondern zu dem Schiff: «Ich taufe dich auf den Namen Keiler und wünsche dir allzeit gute Fahrt und immer eine Handbreit Wasser unterm Kiel.» Ich wäre gern ein bisschen gerührt, aber bevor ich dazu komme, wirft sie die Sektflasche gegen den Bug, sie zersplittert, der Sekt schäumt, ich fotografiere, alle applaudieren, ich schaue auf mein Display, ob ich den Sektflaschenmoment richtig erwischt habe – da sehe ich plötzlich, dass das ganze Schiff rückwärts rutscht. Beinahe lautlos gleitet es auf der Schiene rückwärts ins Wasser, in die Elbe, da, es macht platsch, es spritzt, und schon ist der Keiler im Wasser. Also, *die* Keiler. Vor lauter Aufregung doch wieder den falschen Artikel benutzt. Wie ging das denn jetzt so schnell? Fast könnte man meinen, Frau Kalytta hätte das 33 Meter lange Schiff mit der Sektflasche die Rampe runtergeschubst. (Die Lösung finde ich später in der Bergedorfer Zeitung: Es muss irgendwo eine

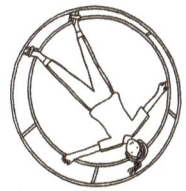

Hydraulikpresse gegeben haben, mit deren Hilfe die Keiler angeschoben wurde. Haben wir aber nicht gesehen.)

Wenn ich groß bin, möchte ich auch mal ein Schiff taufen. «Ich taufe dich auf den Namen Isabel – oder meinetwegen auch Wildsau – und wünsche dir allzeit gute Fahrt und immer eine Handbreit Wasser unterm Kiel», das würde ich noch hinkriegen, außer dass ich womöglich ein Rührungstränchen verdrücken müsste. Die Flasche Sekt jedenfalls würde ich mit größtem Vergnügen zerdeppern. Ich werde heute eine Fähre taufen!

Draußen auf dem Wasser wird die Keiler (na also, geht doch) von zwei Schleppern in Empfang genommen. Der Motor der Keiler wird gar nicht angelassen, die Schlepper ziehen sie in ein kleines Hafenbecken neben der Halle, wo sie vertäut wird. Und dann dürfen wir auch drauf und das Schiff angucken. Erstaunlicherweise interessiert das kaum noch jemanden; von all den Leuten, die beim Stapellauf dabei waren, kommt kaum einer mit nach draußen und auf das Schiff.

Es gibt auch nicht besonders viel zu sehen. Die Brücke ist relativ groß, aber sie ist auch der einzige geschlossene Raum auf dem Schiff, und es ist ja vor allem bei Eiseskälte unterwegs, also muss die Brücke genug Platz für die gesamte Besatzung bieten. Was jetzt möglicherweise großartiger klingt, als es ist, ich habe keine Ahnung, wie groß so eine Besatzung ist. Wahrscheinlich sind sowieso nur zwei oder drei Leute auf so einem Eisbrecher, denn da ist ja nicht viel mehr zu tun, als eben durchs Eis zu fahren und es kaputt zu machen. Es ist aber niemand da, den wir fragen könnten. Außer der Brücke gibt es noch unten den Maschinenraum – 1100 PS, und *hey! Alles glänzt! So schön neu!* (Peter Fox! Endlich ein neuer Ohrwurm! Die Shantys kamen jedenfalls nicht gegen Rainald Grebe an.) Wenn man was von Motoren verstünde, gäbe es hier bestimmt mächtig was zu sehen.

Bleibt festzuhalten: Es passierte ziemlich viel nichts oder zumindest nichts Erkennbares, dann gab es ein bisschen kalten Sekt und warme Worte, dann rutschte plötzlich das ganze Schiff ins Wasser. Ansonsten ein ungemütlicher Tag; zugig, kalt und grau. Aber das Inswasserrutschen war super, das sieht man nicht alle Tage, und da ist einem das Wetter doch egal. Wer demnächst ein Schiff zu taufen hat, und sei es auch nur *die* Meerschweinchen: Ich stünde zur Verfügung. Ebenso dafür, beim nächsten Mal mit auf dem rutschenden Schiff zu sein, das wäre auch toll.

Floating

«Die versteckte Wellnessoase auf der Reeperbahn», das klingt wie, nun ja, irgendwas, wo ich normalerweise nicht hingehen würde. Ich will aber nur floaten.

Die «Oase» ist tatsächlich etwas versteckt, man muss sie schon gezielt ansteuern. Zufällig finden geht nicht. Man steigt eine schmale Treppe hinauf in den ersten Stock und steht in einer Art Höhle, vollgestopft mit Massagestühlen, Massageliegen, Sonnenbänken, Raumteilern, Klimpervorhängen, Plastikblumen, Plastikbuddhas und Plastikmöbeln, sehr schummrig mit lila Licht beleuchtet. Beim Eintreten pfeift mir ein automatischer Bewegungsmelder hinterher, am Blechtresen ist niemand. Aus den Boxen trötet Radiomusik.

Da pfeift der Bewegungsmelder noch einmal, und hinter mir sagt eine Männerstimme in der Dunkelheit: Du hast doch keine Angst vor Katzen? Die sind hier irgendwo. – Nein, sage ich und denke: Ich weiß aber nicht, was Katzen in einer Wellnessoase zu suchen haben. Ich sehe auch gar keine.

Der Mann ist sehr nett. Erst vertröstet er mich ein bisschen, bietet mir einen Platz an, geht weg, dann kommt er wieder und hält mir einen Vortrag über das Floaten. Floating ist erstens ein Nebenprodukt der Weltraumforschung – yeah! Weltraumforschungsnebenprodukte sind immer super, alte Regel. Jemand von der NASA hat sich das ausgedacht, damit die Astronauten Schwerelosigkeit üben und irgendwie auch mit der Langeweile zurechtkommen lernen oder so, ich höre vielleicht nicht richtig hin, vielleicht ist der Mann auch ein wenig wirr. Jedenfalls hat so ein Astronaut ja auch nicht dauernd was zu tun, in seinem Raumschiff. Ich frage nicht, ob es deswegen nun Floating-Tanks in Raumschiffen gibt. Hinter mir schleicht eine schwarze Katze herum.

Zweitens gibt es noch einen esoterischen Überbau zu der ganzen Sache. Wenn man allerdings keine Erfahrung mit Meditation oder Yoga hat, dann wird man es nicht beim ersten Mal gleich schaffen, dass der Geist den Körper verlässt. Das klappt dann erst beim dritten bis fünfzehnten Mal. Ich staune; ich hatte gedacht, es ginge ums Baden. Und lege im Übrigen Wert darauf, dass mein Geist bitte in meinem Körper drinbleibt.

Echte Hardcore-Floater, erklärt der freundliche Mann, floaten bis zu zwölf Stunden. Da wird man doch ganz ribbelig, sage ich, und er meint, nein, das Salz in dem Wasser sei so toll, da wird man nicht ribbelig. Und übrigens komme das alles ganz ursprünglich aus dem Mittelmeerraum, du weißt schon, Totes Meer, das hatten schon die alten Griechen. Dass Griechenland jetzt nicht direkt am Toten Meer liegt, ist sicher unwesentlich, denke ich und hake nicht weiter nach. Die Griechen werden das Tote Meer schon gekannt haben, und ob jetzt alte Griechen oder Weltraumforschung, ist ja ganz egal und schließt sich auch nicht aus. Ich will jetzt da rein. Selbst wenn mein Geist vermutlich nicht meinen Körper verlassen wird, jedenfalls hoffe ich das, obwohl der Mann es mir als erstrebenswert dargestellt hat.

Der Mann führt mich in einen ebenso schummrig beleuchteten Nebenraum, diesmal in Grün, mittendrin der Floatingtank in einer Art Kabine. Dazu gehört ein kleines Badezimmer. Erst duschen, dann in die Kabine – ich bekomme einen Schlüssel, brauche also nicht zu befürchten, dass plötzlich jemand reinkommt, und kann mir Zeit lassen, so lange ich will.

In der Floatingkabine ist es noch schummriger. Trotzdem sehe ich, dass das Wasser irgendwie bräunlich ist. Der Mann hat gesagt, es würde nach jeder Benutzung gründlich durchgefiltert, die Farbe hat bestimmt mit dem Salz zu tun. Ich zwinge mich, nicht

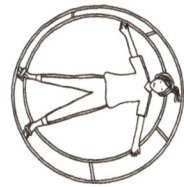

darüber nachzudenken, wer da schon alles dringelegen haben mag. Übrigens habe ich auch wirklich keinen Grund zu der Annahme, irgendetwas könnte schmuddelig sein, das Badezimmer jedenfalls ist tadellos sauber (und gut genug beleuchtet, dass ich das sehen kann).

Das Floatingbecken ist rund, hat einen Durchmesser von vielleicht 2 Meter 20 und ist 40 Zentimeter tief. Man liegt tatsächlich obendrauf, auf dem Wasser. Die Temperatur ist körperwarm, man empfindet es also nicht als besonders warm; nur die komplette obere Körperhälfte, die ja rausguckt, die wird kalt.

Ich schließe die Augen und denke nicht daran, wer hier schon alles dringelegen haben mag. Auch nicht daran, was die hier drin wohl schon gemacht haben. Ich denke vielmehr, dass ich gerne mal im Toten Meer baden würde. Totes Meer wäre toll.

Dumdidum.

Plätscher.

Was hier wohl schon für Leute ... schönes Wetter heute.

Meditation, soso. Ich kann nicht meditieren, «den Geist leer machen», ich weiß nicht, wie das gehen soll, na gut, ich habe es auch noch nie wirklich probiert, aber ich denke immer irgendwas. Wenn auch zugegebenermaßen nicht immer Intelligentes. Außerdem, hier drin soll man ja auch gar nicht den Geist leer machen, der Geist soll aus dem Körper raus. Ob er dabei voll oder leer sein soll, hat der Mann nicht gesagt.

Wer hier wohl schon ...

Weltraumforschung! «Ich bin ein lustiger Astronaut, und ich singe ein Lied», summe ich. Dumdidum.

Mein Nacken ist total verkrampft. Ich bemühe mich, den Kopf sinken zu lassen, meine Nackenmuskulatur zu entspannen, ich habe ja durchaus inzwischen das Vertrauen in das Wasser, dass es meinen Kopf trägt, aber mein Nacken ist trotzdem verkrampft. Mit mir schwimmt ein aufblasbares Kopfkissen im Wasser herum, ich mag meinen Kopf da aber nicht drauflegen. Wer weiß, wer da schon alles.

Plätscher.

Eigentlich habe ich überhaupt keine Zeit, in so einem Floatingquatsch rumzuwellnessen, ich muss arbeiten! Ich habe tierisch viel zu tun und, ach, na gut, eins davon ist natürlich das hier. Ich bin hier bei der Arbeit! Cool.

Dumdidum.

Zu Hause in der Badewanne habe ich immer ein Buch dabei.

Wird frisch auf der Oberseite.

Plätscher.

Was hier wohl schon für Leute.

Nach gut vierzig Minuten reicht es mir, meine Oberseite ist kühl, meine Finger sind ribbelig, ich dusche und wasche meine Haare besonders gründlich aus. Trotzdem kriege ich sie erst ein paar Tage später wieder richtig durchgekämmt, nach der übernächsten

Haarwäsche. Der nette Mann hatte gesagt, das liege daran, dass das Salz die ganzen Umweltgifte rauswäscht. Ich habe eher den Eindruck, dass nicht etwas rausgewaschen wurde, sondern Salz rein, aber egal. Jedenfalls rieselt mir nichts auf die Schultern.

«Floating von Floatern für Floater» machen sie in der Oase, hatte der Mann erklärt (offenbar gibt es eine ganze Floaterszene), deswegen sei das auch kein schicker Marmortempel, es gehe schließlich um die Sache, und das solle sich jeder leisten können. Ich bin kein Floater, scheint's, ich brauche das jetzt nicht dauernd. Vielleicht liegt es auch daran, dass ich das mit dem Geist nicht hinkriege, weder das Leermachen noch ihn aus mir rauskriegen. Aber ans Tote Meer will ich! Meinen Geist würde ich einfach drinlassen.

Kindheitstraum

Nach der Abendveranstaltung in der schönsten Buchhandlung Hamburgs kaufen die Gäste noch Bücher, trinken noch ein Glas Wein, halten noch ein Schwätzchen. Dann wird hinter den letzten Kunden abgeschlossen, es wird aufgeräumt, die Kassenabrechnung gemacht, das Wechselgeld in den Tresor geschlossen, das Licht zur Hälfte gelöscht, und auch die Buchhändlerinnen verlassen den Laden. Übrig bleiben nur meine Freundin Anja und ich, wir haben uns hinter den Kinderbüchern versteckt und lassen uns heimlich einschließen, niemand hat uns bemerkt.

Das ist natürlich gelogen. In Wahrheit hatte ich in der Buchhandlung angefragt, ob ich mal einen Tag mitarbeiten kann, für «Sachen machen», einen Tag Buchhändlerin sein, das stelle ich mir ganz spannend vor. Die Buchhändlerin allerdings fand, das sei doch langweilig und würde niemanden interessieren, ob ich mich nicht lieber eine Nacht einschließen lassen wolle.

Aber hallo will ich! Kindheitstraum! Die ganze Nacht mit Büchern spielen! Zu zweit macht es natürlich noch mehr Spaß, und so sind Anja und ich nun also die ganze Nacht zu zweit allein in der Buchhandlung.

Als Erstes packen wir Oliven, Käsewürfel, Cracker und Obst aus und stellen alles auf den großen Lesetisch. Ein bisschen unheimlich ist es, die großen Schaufenster, draußen ist es dunkel, man sieht kaum was, wenn man rausguckt, aber wir sind drinnen natürlich gut zu sehen. Ein bisschen exponiert fühlt man sich da schon, aber mit der Zeit vergessen wir, dass wir hier auf dem Präsentierteller sitzen. Es dauert nicht lange, da sitzen oder liegen

wir im Gang auf dem Boden, weil wir uns irgendwo festgelesen haben. All die Bücher, die man immer mal im Vorbeigehen irgendwo wahrgenommen hat, zu denen man Rezensionen gelesen hat oder wo man einfach das Cover hübsch findet oder weil man schon immer mal was von diesem Autor lesen wollte, die können wir uns jetzt in Ruhe ansehen. Im Laufe der Nacht wachsen unsere «Kaufen»-Stapel, und meiner schrumpft auch wieder, weil ich bald Geburtstag habe. Stattdessen wächst der Wunschzettel. Und auch der schrumpft an anderer Stelle wieder, denn es stellt sich raus: stehen doch nicht nur tolle Bücher drauf.

Ich lese endlich in Hansjörg Schertenleibs *Regenorchester* rein, gleich auf der ersten Seite ein paar eigenartige Formulierungen, darunter ein *abgeschlossenes Kleid*, Anja!, rufe ich quer durch die Buchhandlung, was ist ein *abgeschlossenes Kleid*? Keine Ahnung, ruft sie, was? Abgeschlossen? Was liest du denn da für 'n Quatsch? Aber da habe ich schon weitergelesen und bin irgendwie gleich gefangen von der Stimmung in diesem Buch, ab auf die Wunschliste, das möchte ich gern lesen. Trotz abgeschlossenem Kleid. Dann Sven Regener, *Meine Jahre mit Hamburg-Heiner*, gesammelte Blogtexte, schnarch, ich finde sie öde. Natürlich bin ich in Sven Regener verliebt, wenn er Musik macht, aber das Buch brauche ich dann eher doch nicht.

Anja kommt aus der Ecke mit den Bildbänden und zeigt mir ein Pop-up-Buch über Schuhe, wundervoll. Was Menschen sich für einen Unfug ausdenken, einfach nur, weil es schön ist, das ist doch sensationell.

Ich lese Peter Stamm, *Seerücken*. Ein bisschen umständlich, aber auch schön, mal sehen. Bleibt auf dem Wunschzettel. Dann Hannes Köhler, *In Spuren*, das aktuelle Buch aus dem Mairisch-Verlag, aus dem man eigentlich sowieso unbesehen alles kaufen kann. Tolle Leute, toller Verlag. Auf die Wunschliste.

Wieder kommt Anja aus der Bildbändeecke (Anja ist Graphikerin, sie ist länger in der Ecke beschäftigt) und bringt eine weitere Unfassbarkeit: *Famous Faces*. Tiere, vor allem Hunde und Katzen, die mit Photoshop oder so was auf Prominente gestylt wurden. Unfassbar. ABBA sind drin, Michael Jackson, einer aus dem A-Team, die Blues Brothers, irgendwelche Rapper, die wir nicht kennen, und Leute, bei denen wir denken, jaaa, genau, das ist, na, hier … dings. Es gibt kein Verzeichnis, nichts steht dabei, denn sonst würde sich der Künstler wahrscheinlich vor Abmahnungen kaum retten können. So bleibt es ein Ratespiel, es ist lustig, aber mal ehrlich: Wer kauft denn so was?

Was uns auch dauernd passiert: Wir sehen all die Bücher im Regal stehen, die wir längst zu Hause, aber noch nicht gelesen haben. Wie es scheint, brauchen wir gar keine Nacht in einer Buchhandlung, wir brauchen keinen neuen Lesestoff, wir brauchen acht Wochen Urlaub für den alten. Hustvedt, klar, hab ich schon. Nicole Krauss auch, hätte ich längst lesen wollen. Kerouac, natürlich, habe ich aber noch nicht reingeguckt. Anja legt die neue Vanderbeke auf ihren Kaufen-Stapel, ich auch, die kann gleich unbesehen mit, und hey, da steht Karen Duves *Regenroman*, den ich schon so lange lesen wollte, der kommt auch mit.

Wie, schon zwölf Uhr? Das ging aber schnell. Eigentlich wollten wir noch Dummheiten machen. Wenigstens ein Schaufenster umdekorieren oder so. Leider ist in einem Fenster die Bestsellerliste, da gibt's nichts umzudekorieren, im anderen sind ausschließlich gelbe Bücher, da gibt's auch nichts dran zu ändern, es sieht total toll aus. Ich überlege kurz, die gelben Bücher durch lauter Bücher zu ersetzen, die von Hamburger Übersetzern übersetzt wurden, aber das würde natürlich kein Mensch kapieren, da müsste man schon einen Zettel dazuhängen.

Anja hat eine Tüte Russischbrot mitgebracht, wir wollen we-

nigstens eine Keksbotschaft hinterlassen. DIE BESTEN STO-RIES oder so, das wäre schön doppeldeutig (Die besten: stories!), denn die Buchhandlung heißt stories!. Mit Ausrufezeichen. Dummerweise sind in der Tüte ungefähr acht O, drei 4, ein paar X, nicht mal ein zweites S für stories ist dabei. «THX, ISA» ist das einzig halbwegs Sinnvolle, was wir zusammenkriegen, aber das bringt's ja auch nicht. Also essen wir die Kekse.

Und zwar vor der Wand mit den Filmen, Film ist so gar nicht mein Metier, Anja sagt, die sind alle toll, und erzählt mir was dazu. Außer zu *Besser geht's nicht*, den hat sie nicht gesehen, aber ich. Ha! Über *Bube, Dame, König, grAS* sagt sie, der sei total brutal und total lustig. Mir hat sich die Lustigkeit von Brutalität noch nie erschlossen, ich finde schon Bud Spencer nicht lustig. Anja tut entsetzt, das könne man doch nicht vergleichen. Bud Spencer sei auch lustig, aber anders.

Wir gucken ein paar Kochbücher an, *Breakfast Lunch Tea* gefällt uns, mit Gerichten aus der Rose Bakery, tolle Bilder drin. Dieser Brotlieferant zum Beispiel … Wir essen noch ein bisschen Brot. Und Käse.

Wieso ist das schon Viertel nach eins? Ich wollte doch noch so viele Bücher lesen! Wir hatten gar keine Zeit, uns zu fragen, ob es gruselig ist, nachts allein hinter großen Schaufenstern zu sein, wo jeder reingucken kann, aber kaum jemand vorbeikommt.

In Tino Hanekamp muss ich unbedingt noch reinlesen. Ich habe ihn live bei dem Lesefestival HamLit lesen hören, da fand ich es unfassbar schlecht, schlechte Geschichte, schlecht geschrieben, alles ganz furchtbar. Meinen Begleitern ging es genauso. Und seitdem höre ich dauernd von Leuten, die es toll finden, einer davon fand es bei HamLit auch schlecht und hinterher dann doch gut. Also lese ich mal rein. Ochnaja. Nicht meins, schätze ich. Ich kann der Oh-so-Coolness von Kiez-Drogen-Suff nicht viel abgewinnen. Da lese ich lieber noch ein bisschen Kim Leine, nie gehört, ein Däne, das Cover ist so hübsch. Schöner Titel auch, *Die Untreue der Grönländer*, tolle Stimmung, am liebsten würde ich gleich weiterlesen, kommt auf den Wunschzettel. Müssen wir schon ins Bett?

Auf dem Weg zur Toilette kommt man an den Ratgebern vorbei. Bücher mit grässlichen Titeln, die uns nicht interessieren, dazwischen ein kleines Buch, das heißt *Fuck it*. Klingt erst mal sympathisch, wir schlagen es auf und bekommen einen hysterischen Lachanfall. Auf der linken Seite steht in weißer Schrift auf schwarzem Grund: «Sag *Fuck it* und schreib mit einem Filzstift ‹Liebe› über dein Herz.» Auf der rechten Seite ein Strichmännchen auf weißem Grund, das mit konzentriert herausgestreckter Zunge versucht, sich «Liebe» über das Herz zu schreiben. Es ist halb drei.

Ach ja, wo wir es vorhin von Pop-ups hatten, fragt Anja aus der Kinderbücherecke, die *Zehn kleinen Pinguine* kennst du? Nein, sage ich. Was, schreit sie? Dann aber fix! Sie zeigt mir das Buch. Wie wundervoll ist das denn? Wir geraten auf jeder Seite in Verzückung, das Buch kommt auf den Sofort-kaufen-Stapel. Und mit dieser Gutenachtgeschichte gehen wir dann wirklich endlich ins Bett, es ist kurz vor drei.

Unser Matratzenlager haben wir im Büro aufgebaut. Zwischen den Büchern wäre es vielleicht romantischer gewesen, aber erstens muss man ja nicht auch noch auf dem Präsentierteller schlafen, zweitens kommt morgens ziemlich früh die Putzfrau. Ins Büro kommt sie zwar nicht, aber die Buchhändlerin hat ihr trotzdem einen Zettel hingelegt, dass da welche schlafen, damit sie nicht einen Herzinfarkt bekommt oder die Polizei ruft, wenn sie uns bemerkt. Und irgendwann frühmorgens kommt auch noch Libri und bringt neue Bücher. Und zwar in den kleinen Zwischen-

flur zwischen Buchhandlung, Toilette und Büro. Wir hören dann ja, wer wie laut ist.

Als wir uns hinlegen, stellen wir fest, dass das lauteste Geräusch erst mal irgendein Gerät ist – die Klimaanlage? Oder was? –, das eine Weile rauscht und dann wieder still ist. Und dann wieder rauscht. Aber drei Uhr ist spät genug, um sofort einzuschlafen, und wenn ich erst mal schlafe, dann schlafe ich, da hält mich so ein Rauschen auch nicht von ab. Anja geht es genauso. Uns wecken erst die Libri-Leute. Sie machen ordentlich Lärm in dem kleinen Zwischenflur, werfen Kisten hinein, außerdem rauchen sie. Wir haben die Bürotür einen Spalt offen gelassen, um in dem fensterlosen Kämmerchen nicht zu ersticken, und riechen das. Die beiden ahnen natürlich nicht, dass keine drei Meter von ihnen entfernt zwei Leute liegen und schlafen. Es ist Viertel nach vier und fühlt sich ein bisschen an wie Klassenfahrt.

Das nächste Mal wachen wir nicht von der Putzfrau, sondern von unserem Wecker auf, es ist acht Uhr, wir drehen uns noch mal kurz um, latschen dann einmal im Schlafanzug durch die Buchhandlung und erschrecken die erste Buchhändlerin, die um halb neun kommt und den Laden aufschließt: Sie war tatsächlich die Einzige, die nicht wusste, dass wir dort übernachten. Sie wohne doch ganz in der Nähe, sagt sie, und habe ein Gästebett, da hätten wir doch auch bei ihr übernachten können! Das ist natürlich ganz zauberhaft, immerhin kennen wir uns fast gar nicht. Aber es ging ja nicht darum, dass wir keine eigenen Betten gehabt hätten.

Die Putzfrau, stellt sich heraus, hat den Zettel gefunden und ebenfalls einen geschrieben. Es sei jetzt halb sechs, sie traue sich nicht zu saugen. In dieser Buchhandlung ist offenbar alles wundervoll, sogar die Putzfrau. Wir bekommen Kaffee und Croissants zum Frühstück und werden ganz hibbelig, weil die Librikisten ausgepackt werden – neue Bücher! Jetzt waren wir schon die ganze Nacht da, und schwups, haben wir schon wieder nicht alles gesehen! Wir werden wiederkommen müssen. Aber erst mal tragen wir unsere Bücherstapel nach Hause und tauchen für eine Weile ab.

Reiki

Nicht dass ich den Eindruck hätte, mit dem Energiefluss in meinem Körper würde etwas nicht stimmen, aber wenn ich schon eine Reikitherapeutin kenne, dann will ich natürlich auch wissen, was sie eigentlich macht.

Reiki ist universelle Energie. *Ki* ist die Energie, das ist dasselbe *Ki* oder *Chi* oder *Qi*, das auch in Qi Gong, Tai Chi und so weiter vorkommt. Beim Reiki wird mittels Handauflegen universelle Energie auf den Reikiempfänger übertragen. Die Energie stammt also nicht vom Reikigeber (was auch blöd wäre, denn das würde ihn auf die Dauer auslaugen), sondern der Reikigeber bildet sozusagen den Kanal für die universelle Energie. Er legt seine Hände auf bestimmte Punkte am Körper des Reikiempfängers, Punkte, die irgendwas mit den Meridianen und Chakren zu tun haben, lässt sie eine Weile dort liegen und führt ihnen Energie zu. So lösen sich Blockaden, und die Energie im Körper kann wieder frei fließen.

So weit die Theorie. Und bevor hier Fragen aufkommen: Doch, doch, ich bin noch bei Verstand. Und ich glaube durchaus nicht an universelle Energie, die durch ein kanalisierendes Medium auf mich übertragen würde. Aber ich glaube an Psychologie. Und an Physik. Nämlich: Wenn mir jemand eine Hand irgendwohin legt, dann wird es dort warm, das ist wohl unbestritten. Und Wärme ist Energie – ob die jetzt aus dem Universum kommt oder von der Physik, ist mir einigermaßen wurscht. Wenn mir jemand die Hand auflegt, wird es warm, und warm ist gut, alte Regel. Und Psychologie: Na, aber hallo ist das entspannend, wenn man eine Stunde lang ganz still daliegt, nicht schläft, aber auch nichts anderes tun kann als sich die Hände auflegen zu lassen. Eine ganze Stunde lang beschäftigt sich jemand mit mir und meinem Körper (ohne dass es mit Sex zu tun hätte), berührt mich sanft, spendet Wärme – meinetwegen auch kosmische Energie, letztlich ist das ja nur eine Frage der Terminologie – und ist ganz auf mich konzentriert. Und ich muss überhaupt nichts tun, ich darf nicht mal was tun. Das ist aber total Psychologie! Es ist, anders gesagt, einfach unglaublich angenehm.

Da liege ich also, voll bekleidet und mit einer Decke zugedeckt. Die Reikigeberin fängt am Kopf an, das ist schon mal wunderbar, denn am Kopf angefasst zu werden ist immer toll. Ich habe die Augen geschlossen, sie legt mir die Hände irgendwohin, und ich denke, ich hätte sie bitten sollen, die Meditationsmusik auszumachen, die finde ich nämlich doof, aber jetzt ist es zu spät. Und auch eigentlich egal. Ganz langsam arbeitet sie sich an meinem Körper hinunter bis zu den Füßen. Überall legt sie mir die Hände auf, sie drückt nicht, massiert nicht, tut nichts weiter, als die Hände an bestimmte Stellen zu legen und sie eine Weile da liegen zu lassen. An manchen Stellen fühlen sich ihre Hände viel schwerer an als an anderen. Ich hole tief Luft, mache zwischendurch kurz die Augen auf und schaue die Reikigeberin an, sie hat die Augen geschlossen und sieht konzentriert aus. Nein, ich muss nicht lachen.

Ich liege auf der Klappliege, höre doofe Meditationsmusik, lasse mir die Hände auflegen und finde das nicht besonders spannend, aber tatsächlich sehr, sehr entspannend. Ich brauche ja nicht mal darüber nachzudenken, ob ich nicht vielleicht kurz in die Mails … nö, eine Stunde Stillliegen ist dran, ohne irgendwohin zu gucken, ohne zu schlafen, lesen, reden, sogar ohne zu denken. Nur liegen und Hände auflegen lassen. Physik und Psychologie. Oder universelle Energie.

Plötzlich ist die Stunde rum. Erstaunlich, wie schnell das geht, wo es doch gerade so angenehm war. Ich stehe von der Liege auf,

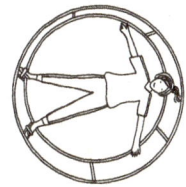

lege die Decke ab, und urplötzlich wird mir ziemlich kalt. Die Reikigeberin sagt, ihr wird jetzt endlich wieder warm, sie habe nämlich an jeder Handposition einen Schwall Kälte von mir abgekriegt. Das erschreckt mich, ich habe nur Wärme gespürt; wie jetzt, Kälte? Von mir? Bin ich so kalt? Das, äh, wollte ich nicht so gerne hören. Nein, nein, sagt sie, das bedeute nur, dass zwischen uns Energie geflossen sei, das sei ganz normal. Nicht ganz so normal sei, dass es bei wirklich sämtlichen Handpositionen kalt war, normalerweise sei es überall unterschiedlich. Das dürfe man aber alles nicht überinterpretieren, und wenn ich es schon interpretieren wolle, dann solle ich es so sehen, dass mein Energiehaushalt besonders ausgeglichen sei, denn es war überall gleich kalt. Seitdem versuche ich, mich an den Gedanken zu gewöhnen, dass ich eben ein eiskalter Typ bin. Die Vorstellung macht mich ein bisschen unentspannt.

Fliegen

Viele Menschen träumen vom Fliegen. Ich nicht, ich träume vom Schwimmen, genauer gesagt: Ich träume, dass ich unter Wasser atmen kann. Das träume ich nun schon so lange immer mal wieder, dass ich manchmal Angst habe, in einem unbedachten Moment tatsächlich unter Wasser den Mund aufzumachen und kräftig einzuatmen; ich habe ja oft genug erlebt, dass es funktioniert. Vom Fliegen habe ich noch nie geträumt.

Als wir aber im Urlaub vom Auto aus irgendwo sehen, wie jemand am Fallschirm hoch oben in der Luft hinter einem Boot hergezogen wird, zeige ich mit dem Finger hin und rufe: «Da! Guck! Da! Will auch! Fliegen! Fallschirm! Boot! Will!», und werde zappelig wie ein kleines Kind. So was tue ich nicht oft, und weil mein Mann ein kluger und nachsichtiger Mann ist, fahren wir gleich an den entsprechenden Strand, marschieren schnurstracks zur «Fun Sports»-Bude, stellen fest, dass man sogar zu zweit an einem Schirm fliegen kann, fragen, ob wir können und wann, und die Dame sagt: Jetzt sofort.

Huch! Da ist nicht mehr viel Nachdenken möglich, alles geht so schnell, wir haben nicht mal die Gelegenheit, uns einen Start und eine Landung anzugucken. Okay, ich gebe es zu: Ich habe das schon einmal gemacht. Vor genau 23 Jahren, rein zufällig ebenfalls auf Korfu. Damals hieß es Paragliding, diesmal nennen sie es Parakiting. Die Terminologie ist mir allerdings einigermaßen wurscht, ich will das machen und weiß auch so halbwegs, was auf uns zukommt.

Wir werden mit dem Boot zur Startplattform gefahren. Dort liegt schon alles bereit, ich steige in das vorne liegende Gurtzeug,

rechtes Bein hier, linkes Bein dort, hochziehen, hintenrum über die Schultern, jemand assistiert mir, bitte hier festhalten, er schließt ein paar Schnallen, hakt Karabiner ein und zurrt alles fest. Dann Axel hinter mir. Wir sollen den rechten Fuß nach vorne und den linken nach hinten stellen, damit wir beim Loslaufen nicht übereinanderfallen, sondern mit dem gleichen Fuß anfangen. Und wir sollen das Gurtzeug rechts und links so hoch wie möglich halten. Ich werde vorne an die lange Leine gehakt, hinter Axel hängt der Fallschirm, alles geht so schnell, keine Zeit zum Nachdenken. Wir sind fest in den Gurten installiert, da fährt das Boot auch schon los, und dann schießt mir ganz plötzlich und mit voller Wucht das Adrenalin durch die Adern. Vor mir auf der Plattform liegt die lange, lange Leine in lauter Schlaufen und Kurven und Mäandern, das Boot fährt von uns weg, ich sehe, wie die Leine sich immer weiter abrollt, ribbel-ribbel, ich bekomme Herzklopfen, und kurz bevor ich richtig weiche Knie kriege, ist die Leine zu Ende, das Boot zieht jetzt an mir, ich laufe los – keine Ahnung, mit welchem Fuß, keine Zeit für weiche Knie, wir laufen, so schnell das Boot uns zieht, ich denke nicht daran, dass ich das Gurtzeug hochhalten soll, ich denke nicht daran, dass ich am Ende der Plattform weder springen noch «mich setzen» soll, sondern einfach weiterlaufen, ich denke nicht daran, ob Axel hinter mir womöglich über meine Füße fällt, ich lasse mich einfach ziehen und laufe mit, bis die Plattform zu Ende ist und ich ins Leere laufe, da gibt es einen Ruck und – der Fallschirm trägt uns. Natürlich trägt er uns, wir werden höher und höher gezogen und … wow.

Das Adrenalin verteilt sich, kaum noch zu spüren, ich habe sofort Vertrauen in das System. Ich merke ja, dass der Fallschirm uns hält und das Boot uns zieht, wir werden von zwei Seiten gehalten. Das Einzige, was passieren könnte, wäre, dass das Seil reißt, dann würden wir halt langsam am Schirm ins Wasser sinken. Aber das sagt nur mein Kopf, mein Gefühl hat Vertrauen, es wird nichts passieren, es ist total toll. Es ist, genauer gesagt, unfassbar, unglaublich, unbegreiflich toll. Es ist herzerwärmend sensationell supertoll, ich verdrücke tatsächlich ein Tränchen, weil es so umwerfend und ergreifend schön ist.

Ich weiß nicht, wie das Meer das macht. Das Meer macht mich quasi auf Knopfdruck glücklich. Meer – zack!, glücklich. Sollte ich jemals von einem Ungemach irgendwo zwischen schlechter Laune und Depressionen befallen werden, schafft mich ans Meer, notfalls auch an einen See oder Fluss. Der zweite Glücklichmacher ist die Sonne, genauso zuverlässig. Und hier schweben wir also, der beste Ehemann von allen und ich, über dem knallblauen Meer unter dem knallblauen Himmel und können durch das klare, glitzernde Wasser fast bis auf den Grund sehen und sehen auf Korfu, diese unglaublich grüne Insel, und über Korfu hinweg bis nach Albanien, und das Meer glitzert und lockt, und der Himmel ist blau, und wir schweben, und es ist wie im Traum. Wie im Traum vom Fliegen und im Traum vom Meer gleichzeitig. Oben blau, unten blau, dazwischen die grüne Insel, ich kann mich gar nicht sattsehen.

Wenn ich nur nicht so unbequem hängen würde. Axel hat sich irgendwie zurechtgeruckelt, ich hänge ein bisschen vornüber, könnte deutlich besser in dem Gurtzeug sitzen, wenn ich ein bisschen nach hinten rücken könnte, aber ich kriege es nicht hin, zu schwache Armmuskeln, dafür müsste ich nämlich kurz mal mein eigenes Gewicht anheben, mich am Gurtzeug festhalten, um nach hinten zu rutschen. So hänge ich also vornüber und verkrampfe langsam ein bisschen, beschließe aber, das als Bauch-Beine-Po-Gymnastik zu betrachten und es ansonsten zu ignorieren. Denn das ist alles viel zu schön, um über unbequemes Sitzen auch nur nachzudenken.

Ich drehe mich lieber um und strahle Axel an und sehe den knallbunten Fallschirm über uns, und dann gucke ich wieder run-

ter und versuche, im Meer Fische zu erkennen, aber ich sehe keine. Wir sind ziemlich hoch, die Leine zwischen Boot und Fallschirm ist 100 Meter lang, je nach Wind schwebt man damit auf 60 bis 80 Meter Höhe. Allerhöchstens 90 Meter. Jetzt allerdings sinken wir ab, wir fahren eine Kurve, die Seilspannung lässt nach, wir sinken und sinken, was wird das, versucht er, uns mit den Füßen eintauchen zu lassen? Klappt nicht ganz, das Boot zieht wieder an, wir steigen wieder, drehen eine große Runde durch die Bucht, und mir verkrampfen jetzt wirklich Bauch-Beine-Po, ich versuche noch mal, mich zurechtzusetzen.

Nach viel zu kurzer Zeit verlangsamt das Boot wieder, und wir sinken ab. Wie, schon Schluss? Das kann doch nicht sein! Viel zu kurz! Ich will noch mehr Meer von oben, noch mehr Blau! Andererseits bin ich schon ganz verkrampft, weil ich so blöd hänge. Aber! Ich will noch nicht! Ich will noch weiter! Das soll nicht aufhören! Da treffen meine Füße schon ins Wasser, es spritzt, der Bootsfahrer zieht noch mal kurz an, wir gehen noch einmal ein bisschen hoch, und dann sinken wir wieder, es spritzt noch einmal, und dann macht es *platsch*, und wir landen im Wasser. Etwas unsanfter als erwartet.

Unter Wasser atme ich nicht versehentlich ein.

Wir haken die Karabiner aus der Fallschirmleine und schwimmen ein bisschen ungelenk in Gurtzeug und Rettungsweste zum Boot. Tatsächlich habe ich bei der Landung einen solchen Schlag in den Rücken bekommen, dass ich mich ein paar Tage nur vorsichtig bewegen kann. Aber das war es wert. Vielleicht fange ich ja doch noch an, vom Fliegen zu träumen. Vom Fliegen über dem Meer.

Wacken

Kurz vor knapp kommt dann doch noch eine Mail von meinem Redakteur Jan: Wir sind für Wacken akkreditiert. Ach du Scheiße! Und jetzt? Schön und gut, es war meine Idee gewesen, aber da war es noch lange hin und würde wahrscheinlich eh nicht klappen ... und jetzt wird es plötzlich ernst. Nach Wacken. Ich. Zu den Metallern. Hilfe!

Das Dorf Wacken in Schleswig-Holstein hat an 362 Tagen im Jahr 1800 Einwohner, an den restlichen drei Tagen, am ersten Augustwochenende, kommen ein paar dazu, dieses Jahr sind es 86 000. Dann findet dort nämlich das größte Heavy-Metal-Festival der Welt statt. Der örtliche Edeka macht an den drei Festivaltagen laut Wikipedia ein Drittel seines Jahresumsatzes. Und unter den 86 000 Bekloppten sollen dieses Jahr also Jan und ich sein. Wir beschließen, eine Nacht in Wacken zu bleiben, von Donnerstag auf Freitag. Das wird reichen, wir haben schlimme Geschichten über die hygienischen Zustände gehört, denn das Festivalgelände ist an 362 Tagen im Jahr ein Acker, der gegüllt wird, und an den drei Tagen im August stehen dort Dixi-Klos für 86 000 Menschen. Länger als eine Nacht müssen wir uns das nicht antun.

Ich hole das Zelt vom Boden, das da seit bestimmt zwölf Jahren unbenutzt herumliegt. Ob es noch dicht ist?

Ansonsten lese ich ein bisschen die Berichterstattung der Vorjahre und habe zunehmend das Gefühl, da würde vom Kirchentag berichtet. Angeblich alles friedlich, fröhlich, freundlich, ein großes Fest, und alle haben sich lieb. Na klar, zigtausend Menschen, davon die meisten Männer, trinken große Mengen Bier, hören aggressive Musik und sind total nett. Wer's glaubt.

Donnerstag

Wir kommen irgendwann nachmittags an und müssen erst mal Schlange stehen zum Einchecken. Währenddessen besuche ich das erste Dixi-Klo. Nicht schön! Gar nicht schön. Die Leute in der Schlange sind aber nett, und schließlich bekommen wir unser «VIP / Presse»-Bändchen ums Handgelenk und einen entsprechenden Aufkleber fürs Auto, mit dem wir auf den VIP / Presse-Campingplatz dürfen. «Campingplatz» bedeutet in dem Fall: eine ungemähte grüne Wiese mit zwei Dixi-Klos, außer dass sie nicht Dixi heißen, sondern Hasi. Die Sonne kommt raus, und wir sind spontan verzückt. Voll schön! Und alle so nett! Und so eine hübsche Wiese! Hasi ist erstaunlich sauber, es gibt sogar Klopapier. Aber noch ist die Wiese auch ziemlich leer.

Während wir das Zelt aufbauen, kommt neben uns ein Kleinbus mit Leuten an, die das alles nicht so toll finden. Alles scheiße organisiert, da wisse ja niemand, wer wohin soll, und wie das denn sein könne, dass nicht mal die Wiese gemäht ist. Saftladen. Reg dich nicht auf, sagt einer, und der Aufreger grollt, das versuche er ja gerade, aber wie man sich da wohl nicht aufregen solle. Wir zucken die Achseln, finden so weit alles prima und machen uns auf den Weg aufs Festivalgelände.

Und dann laufen wir ungefähr 24 Stunden lang mit Kulleraugen herum und gucken und staunen und freuen uns. Alles voller Leute, hauptsächlich Männer in schwarzen Band-Shirts oder Wacken-Shirts. Außerdem welche in rosa Bademänteln, in T-Shirts mit lustigen Aufdrucken («Die langen Haare sind gerade in der Wäsche.» – «Schwarz war leider ausverkauft.» – «Ich würd mich ficken lassen.»), ziemlich viele Schottenröcke, Wikingerhelme, einer davon mit Klopapierrollen auf den Hörnern, enganliegende Ganzkörperanzüge mit Raubtiermuster, Borat-Badehosen, aufblasbare Plastikbrüste. Einer hat sich mit Tesa lange, grüne Geschenkbandfäden auf die Glatze geklebt und ganz obendrauf einen kleinen Holz-Osterhasen. Es gibt viele lange Haare, viele nackte Oberkörper, sodass man die Tätowierungen gut sieht. Die Frauen tragen entweder ebenfalls Band-T-Shirts und Schlabberbermudas oder sind richtig aufgebrezelt, mit Korsagen und kurzen Röcken oder Hot Pants und Stiefeln, es gibt viele hochgeschnürte, tief ausgeschnittene Dekolletés.

Als ich vorher zu meiner Schwiegermutter sagte: «Ich weiß gar nicht, was ich anziehen soll», und sie antwortete: «Och, meinst du, da muss man sich schick machen?», da habe ich sie ausgelacht. Nein, das meinte ich durchaus nicht, und schick machen wäre ja auch gar kein Problem. Schick kann ich.

Das kommt davon, wenn man seine Schwiegermutter auslacht, tatsächlich haben viele sich schick gemacht, wenn auch eine andere Sorte «schick» als ich, wenn ich mich schick mache.

Gleich als Erstes spielt eine der wenigen Bands, die ich wirklich hören möchte: Hayseed Dixie! Eine Band, die als AC / DC-Tribute angefangen hat und Bluegrass-Cover von Hardrocksongs spielt. Ganz großer Spaß! Da fetzen die Banjos wie sonst nur im Wilden Westen, die Jungs mit den langen Haaren und den Metal-T-Shirts flippen aus, und mit ein bisschen Konzentration kann man es auch schaffen, *nicht* gleichzeitig Helloween auf der großen Bühne zu hören, die ungleich lauter sind. Vorne vor der Bühne sitzt eine junge Frau im BH auf jemandes Schultern, zieht sich den BH aus und wirft ihn auf die Bühne. Das gibt Applaus.

Der Sänger ruft: Let me hear you say: Amen! Und alle brüllen: Amen! – Let me hear you say: Hallelujah! Und alle brüllen: Hallelujah! – Let me hear you say: Coldplay is shit! Und alles johlt: Coldplay is shit! Der Sänger seufzt: God, how I hate that band.

Wir holen uns das erste Bier, grinsen uns dümmlich an und sind sehr glücklich. Schön hier.

Nach dem Hayseed-Dixie-Konzert drehen wir erst mal eine Runde über das Gelände. Jan will sich ein T-Shirt kaufen. Ich nicht, würde ich eh nicht tragen. Wir kommen am Merchandising-Stand vorbei, gucken aber nur kurz, denn dahinter sehen wir etwas viel Interessanteres: Pfahlsitzen! Da stehen fünf Pfähle mit draufgeschnitzten Stühlen, und oben sitzen Leute. Warum? Was machen die da? Wir schließen Wetten ab, wer als Erster schlappmacht (die Frau vorne, weil sie zu kurze Beine hat und nicht an die Fußstütze kommt, das ist doch total unbequem). Ob die Pfahlsitzer etwas gewinnen können? Freien Eintritt oder so? Wie lange müssen die da sitzen, wie oft dürfen sie aufs Klo? Und was ist mit Schlafen? Warum fragen wir eigentlich niemanden?

Weil es ein paar Meter weiter schon wieder etwas zu sehen gibt: eine Feuershow. Aus riesigen Kanonen kommen riesige Stichflammen, macht auch ordentlich Lärm, aber es ist strahlender Sonnenschein, da wirkt das Ganze ein bisschen … verschenkt. Die Hitze allerdings dringt ziemlich weit. Und das, obwohl es sowieso so warm ist.

Nach allem, was wir gehört haben, ist das schöne Wetter geradezu ungehörig, Wacken hat gefälligst im Schlamm zu versinken, und schließlich war auch Regen vorhergesagt. So richtig schlimm kann ich die Sonne und den blauen Himmel allerdings nicht finden. Wir gucken ein bisschen beim Bullriding zu, ein paar Jungs werfen sich mit großer Geste auf den mechanischen Bullen und fliegen ruckzuck wieder runter. Könnte ich eigentlich auch mal versuchen, hebe ich mir aber für später auf. Nackt ist es übrigens kostenlos.

Die nächste Entdeckung: Toilettenwagen mit Wasserspülung! Nix Hygiene-Katastrophe, nix Dixi. Alles frisch geputzt, es gibt Klopapier und Handwaschbecken. Jemand geht vorbei und sagt zu den Händewaschern: Ihr wisst aber schon, dass Händewaschen kein Heavy Metal ist? Allgemeines Gelächter. Gott, ist das alles nett hier!

Auf dem Weg zum *Wackinger Village* kommen wir an einem Zelt namens *Bullhead City* vorbei. Davor reichlich Sicherheitspersonal und Leibesvisitation, wir gehen natürlich rein, scheint ja was Spannendes drin zu sein. Drinnen ist an einem Ende eine Bühne, von der aus ein Laufsteg zu einem Boxring in der Zeltmitte verläuft. Richtig, hier finden auch Oil-Catchen, der Miss-Wet-T-Shirt-Wettbewerb und Wrestling statt. Im Moment läuft aber *Masters of Comedy*, ein Komiker in vollkommen abartiger Lautstärke und mit unterirdischen Witzen. Er fängt an mit der Frage, ob man noch «Neger» sagen darf (er sagt fortan «Maximalpigmentierter», haha), und kommt dann über Schwule im Whirlpool bis zu «Geht 'ne Nonne zum Frauenarzt». Wirklich unterirdisch, eine Zote schlimmer als die andere. Ich stelle derweil fest, dass ich zu doof für Ohropax bin, es dauert eine ziemliche Weile, bis ich wenigstens eins der Dinger in eins meiner Ohren kriege, aber lange halten wir das Niveau ohnehin nicht aus.

Da spazieren wir lieber durchs *Wackinger Village* – ein Mittelalter-Zeltdorf, offenbar überschneiden sich die Metal- und die Mittelalterszene (entsprechende Witze mit *Metalalter* bitte selbst ausdenken). Hier kann man Met aus Kuhhörnern trinken, Spanferkel essen, den Lukas hauen, ich versuche mich im Axtwerfen. Die dritte Axt fliegt immerhin dahin, wo sie hinsoll, und bleibt im Holzklotz stecken. Die umstehenden Herren in langen schwarzen Ledermänteln sind angemessen beeindruckt. Ich auch. Sie haben es nämlich nicht geschafft, ha! Womöglich hatten sie auch schon mehr Bier getrunken als ich.

Wir probieren Metbier und Kirschbier, beides ziemlich süß, ich finde es super, Jan nicht. Mädchenbier, aber mit ordentlich Wums.

Beim späteren Nachlesen im Internet stellen wir fest: Wir haben die Folterecke verpasst! Man hätte sich auf eine Streckbank schnallen oder sich auspeitschen lassen können und was weiß ich, was noch. Schade, nicht gesehen. Wobei ich wahrscheinlich eh hätte weggucken müssen.

Es ist aber sowieso Zeit, zur *Beergarden Stage* zurückzukehren, zum zweiten Highlight des Tages: den Wacken Firefighters, der Wackener Feuerwehrkapelle. Und wenn wir bislang schon den Eindruck hatten, dass die Metalheads mit einer gehörigen Portion Selbstironie gesegnet sind, wird es spätestens hier offensichtlich: Die Metalgemeinde flippt komplett aus. Zum *Zillertaler Hochzeitsmarsch*, zu dem *Kufsteinlied* und *Tulpen aus Amsterdam*. Gespielt von einer ganz traditionellen Dorf-Feuerwehrkapelle in Uniform und mit reichlich Umtata. Mitten im Publikum stehen ein paar Wackener Senioren mit Silberlöckchen und praktischen Anoraks und schunkeln, während die Metaller eine Polonaise zu *Es gibt kein Bier auf Hawaii* starten und lauthals mitsingen. Zwischen den Stücken skandieren sie «Wa-cken, Wa-cken, Feu-er-wehr! Wa-cken, Wa-cken, Feu-er-wehr!» und machen dazu mit der Hand die Pommesgabel. Ganz vorne in der Feuerwehrkapelle sitzt eine klassische Schönheit, groß, schlank, hübsch, lange blonde Haare, wahrscheinlich ist sie auch noch siebzehn, sie spielt Querflöte. Die Metaller singen spontan: «Querflötensolo! Wir woll'n ein Querflötensolo! Querflötensoooolooo! Wir woll'n ein Querflötensolo.»

Wir kriegen das Grinsen nicht mehr aus dem Gesicht und finden alles großartig und toll. Und spätestens nach der nächsten Szene sind wir diesem Festival vollkommen erlegen: Da fliegt nämlich ein Bierbecher auf die Bühne. So was tut man nicht! Die Feuerwehrkapelle sagt das letzte Lied an, weil sowieso Schluss sei, und außerdem fänden sie es nicht so richtig witzig, mit Bechern beworfen zu werden, sie würden ja auch nicht mit Instrumenten werfen. Ein paar Ordner holen den Becherwerfer aus dem Publikum und, Achtung!, schicken ihn auf die Bühne, sich entschuldigen. Wie rührend ist das denn! Da schlappt so ein Langhaariger in schwarzer Metaller-Kluft ganz offensichtlich zerknirscht auf die Bühne und entschuldigt sich bei einer jungen Feuerwehrkapellentrompeterin. Mit Handschlag. Hach. Was für ein schönes Festival, wir sind ganz beglückt. Hinterher frage ich mich, ob die BH-Werferin vorhin sich eigentlich auch entschuldigen musste, aber wahrscheinlich ist das was anderes.

Wir holen uns etwas zu essen (sehr lecker, gebackener Schafskäse und Salat im Fladenbrot – überhaupt, die Auswahl an Essständen ist erstaunlich, für jeden Geschmack was dabei, und alles nicht so fürchterlich teuer), verpassen dabei Blind Guardian, und dann kommt schon der Top-Act des Abends, und wir gehen zum ersten Mal in den Bereich der Hauptbühne, der *True Metal Stage*:

Ozzy Osbourne! Zwischen uns und der Bühne stehen ungefähr 30 000 andere Menschen, wir können Ozzy und seine Band also nur auf der großen Leinwand sehen, aber hey: Ozzy Fucking Osbourne! Wenn ich das mal so sagen darf. Ozzy darf so was sagen, zwischen den Stücken animiert er das Publikum immer wieder zum Brüllen und reagiert immer mit «I can't hear you! I can't fuckin' hear you!» Immer. Zwischen allen Stücken. Mehrfach. «I can't fuckin' hear you!» Schwer vorstellbar bei zigtausend Mann, aber vielleicht ist Ozzy einfach schwerhörig. Über die Musik kann ich nicht viel sagen, ich kenne mich da nicht aus, aber es gefällt mir – wir hüpfen ein bisschen rum, versuchen, uns in der Menge nicht zu verlieren, und ich kriege das mit den Ohropax immer noch nicht hin. Habe ich irgendwie verdrehte Gehörgänge oder was? Schwerhörig bin ich jedenfalls nicht, I certainly do fuckin' hear a lot of noise. Ozzy ist nicht mehr ganz fit, seine Musiker ermöglichen ihm mit spektakulären ausgedehnten Soli eine Weile Pause. So ein Metal-Schlagzeuger macht ja wirklich Hochleistungssport.

Und dann spielen sie nach anderthalb Stunden zum Abschluss

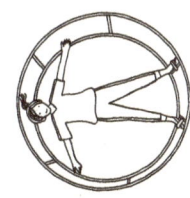

Paranoid, das kenne sogar ich. Irgendwie ist es auf so großen Konzerten immer besonders schön, wenn man mitsingen kann, und überhaupt schwappt gute Laune durch die Menge, und alles ist schön. Wer hätte das gedacht, dass Heavy Metal und ich uns so gut verstehen.

Wir beenden den Abend mit einem Besuch beim Metal-Karaoke im *Headbangers Ballroom*. Die Männer, die da singen, sind allesamt Halbprofis oder so, das ist schon richtig gut und hat nichts Peinliches wie Karaoke sonst. Und große Headbanger sind sie auch. Die Gemeinde flippt aus, wie bei allem, was wir bisher gesehen haben. Was für ein Fest.

Gegen zwei kehren wir auf den Campingplatz zurück und trinken noch ein letztes Bier in der offenen Heckklappe des Autos.

Die Nacht

Die Gruppe neben uns – die über die ungemähte Wiese geklagt hatte – entpuppt sich als Band. Wir liegen im Zelt auf unseren Luftmatratzen und erfahren im Laufe der Nacht eine Menge über diese Band. Also, ich zumindest, Jan schnarcht leise vor sich hin. Genauer gesagt erfahren wir vor allem viel über Rob, Sänger und Gitarrist, er hält nämlich bis fünf Uhr morgens quasi einen einzigen Vortrag. Es handelt sich, wie wir raushören, bei der Band um die Excrementory Grindfuckers – da ist Jan noch wach, und wir haben den ersten Kicheranfall der Nacht. Auf der Band-Webseite ist zu lesen, der Name sei schnell gefunden gewesen:

> *es mussten Exkremente, die Standsilbe -ory, das Wort «Grind» und ein liebliches «Fuck» vorkommen. Warum wir dabei nicht auf «Fuckory Grindexkrement» gekommen sind? Ich weiß es nicht.*

Ich kann nicht schlafen. Nebenan ist noch jemand zu Besuch gekommen, der Organisator des Wackel-Festivals (sic!), auf dem die Grindfuckers kürzlich gespielt haben. Er selbst spielt bei der Band Hämatom (wir kichern schon wieder) und will sich noch mal für den tollen Auftritt bedanken und eine Runde selbstgebrannten Schnaps namens 666 ausgeben. Der kommt aber echt aus der Hölle, aber hallo, ey! Ist auch ein bisschen Chili drin. Eine der zu den Grindfuckers gehörenden Damen klärt uns über ihre allergischen Reaktionen gegen Chili auf, sie bekommt davon nämlich Durchfall. Too much information. Ich würde gern schlafen.

Es fängt an zu regnen, ich hoffe, das Zelt hält. Der Wackel-Hämatom-Mann geht wieder, die Grindfuckers (wir Insider kürzen den Namen so ab) sind wieder unter sich, ich erfahre, warum Rufus die Band verlassen hat, dass Christus ein super Schlagzeuger ist und Pempas ein toller Bassist und wie Rob sich sein geplantes Soloalbum vorstellt. Pssst: Es wird ein Konzeptalbum. Mehr verrate ich nicht. Jan schnarcht sanft, das würde ich auch gern.

Ich muss mal. Ich will aber nicht bei Regen raus und im Schlafanzug durchs kniehohe nasse Gras zwischen den Grindfuckers durch aufs Hasi. Die Grindfuckers sind beim Fachsimpeln angekommen, welche Band nur bis zu welchem Album gut war, danach kam nur noch Scheiße, obwohl, auf der So-und-so-Scheibe war noch das-und-das drauf, das war natürlich Heavy Metal, ich dämmere weg und kann nicht mehr folgen. Es regnet stärker, ich taste noch mal im Zelt herum, ob es dicht ist. Jan schläft. Irgendwo draußen geht irre laute Musik an. Ich bin müde, ich will schlafen, es ist halb vier.

Robs Vortrag wendet sich dem Verlottern der Jugend zu. Ein Album sei heute nichts mehr wert, er sei ja in den Neunzigern aufgewachsen, da habe er auf seine erste Scheibe noch richtig gespart, Metallica war das, und die war ihm dann viel mehr wert, als sie gekostet hat. Aber heutzutage gehen die Leute ins Netz und

laden sich wild alles Mögliche runter, was sie gar nicht wirklich interessiert, und das sei doch wie mit den Frauen. Wenn man eine so einfach kriegen kann, macht es keinen Spaß. Wenn man sich aber richtig bemühen muss, ihr Herz zu erobern, dann ist sie einem auch was wert.

Ich muss lachen und will schlafen. Ich denke gerade, dass die Jugend von heute schon seit Sokrates nicht mehr das ist, was sie mal war, da kommt auch schon der nächste krude Vergleich: Heutzutage meine ja auch jeder, der eine Gitarre halten kann, er müsse eine Platte aufnehmen, es gebe viel zu viel Scheiß auf dem Markt, es sei alles so beliebig geworden, und das sei ja wie mit den Cornflakes. Wobei, da sei es ihm eigentlich auch total egal, ob jetzt *Kellogg's Rice Crispies* draufsteht oder *Gut & Günstig Cornflakes*, vielleicht sei der Vergleich doch nicht so gut. Öhm, jo, vielleicht.

Ich. Möchte. Schlafen. Ich muss aufs Klo, es regnet, und hat dieser Rob vielleicht irgendwo einen Knopf zum Ausschalten?

Fünf Uhr, der letzte Grindfucker geht ins Bett, draußen wird es hell. Jan schnarcht leise.

Freitag

Acht Uhr, das Zelt hat gehalten, ich gehe endlich aufs Hasi (frisch geputzt), und die Grindfuckers stehen auf. Eine ihrer Frauen kommt aus dem Zelt und ruft quer über den Campingplatz: «Will mich jemand ficken? Ich hab Kondome!» Erster Lachanfall des Tages, wir nehmen das Angebot trotzdem nicht an, sondern schlafen noch ein bisschen. Also, einer von uns.

Gegen zehn Uhr kann ich endgültig nicht mehr liegen und wecke Jan. Es hat aufgehört zu regnen, der Rest des Campingplatzes frühstückt schon, es gibt Bier und frisch gegrillte Koteletts. So ein Kotelett könnte ich jetzt auch vertragen. Stattdessen haben wir noch selbstgebackenen Pflaumenkuchen zum Frühstück, das ist wahrscheinlich kein Heavy Metal.

Wir beschließen, uns das Dorf Wacken anzusehen. Und sind sofort wieder verzückt. Üppig blühende Geranien an den Balkonen, Gasthof «Zur Post», Edeka, Schlecker, Einfamilienhäuser auf großen Grundstücken mit überpflegten Vorgärten. Und in diesen Vorgärten: Bierbuden, Frittenbuden, improvisierte Verkaufsstände, an denen Wackener Muttis selbstgebackene Muffins für 50 Cent verkaufen, «Wurst von Horst» und ein Schild, mit dem eine heiße Dusche angeboten wird. Die Supermärkte verkaufen gekühltes Bier, Wackener Jungs transportieren es für kleines Geld mit dem Kettcar-Anhänger zum gewünschten Campingplatz. Die Bürgersteige sind schwarz von Metal-Fans, die sich irgendwo Frühstück holen oder einfach durchs Dorf spazieren. Es sind auch größere Bierzelte aufgebaut, hier und da ist schon wieder laute Musik zu hören. Auch hier: alles entspannt, freundlich und friedlich, vielleicht sind wir doch wirklich auf dem Kirchentag gelandet – da, tatsächlich! Ein riesiges Schild, weiße Rockerschrift auf schwarzem Untergrund: *Gerade Du brauchst JESUS! Turn or burn!* Hui, das ist mal eine klare Ansage. Keine hundert Meter weiter: *Jesus is Rock. The way, the truth, the life.* Dazwischen, am Gasthof «Zur Post», steht in Schwarz auf Weiß: *Freu dich, Du bist in Wacken!* Dann allerdings sehen wir irgendwo ein handgeschriebenes Pappschild mit der Ansage: *Odin sagt: Jesus, halt's Maul.* Keine Ahnung, wer sich am Ende durchgesetzt hat.

Uns kommen drei junge Männer entgegen, sie steuern geradewegs auf mich zu, einer trötet in ein Kuhhorn, die beiden anderen brüllen dazu – und zwar alle drei mit erstaunlicher Lautstärke und Ausdauer, sie müssen wirklich tief Luft geholt haben: «Hupööööööööööön!» Das Ö ist sehr, sehr lang. Und laut. Ich stehe vor ihnen, sie stehen vor mir, ich brauche einen Augenblick, bis ich verstehe, was sie von mir wollen, und dann muss ich fürch-

terlich lachen. Als sie fertig sind, zeige ich ihnen nicht meine Hupen, sondern einen Vogel, muss immer noch lachen, sie lachen zurück und gehen weiter. Das ist alles so süß.

Vor mir geht eine Anwohnerin, eine ältere Dame, mit original Wacken-T-Shirt mit dem Zusatz: «Powered by Anwohner». Und übrigens scheint schon wieder die Sonne.

Wir gehen über einen Campingplatz zurück aufs Festivalgelände, entdecken noch eine ganze Einkaufsstraße aus Zelten, in der es alberne Helme, Mützen, Nietengürtel, Fuß-, Arm- und Halsbänder, Klebetattoos, Korsagen, Schottenröcke, Schuhe, große Mengen Band-T-Shirts und alles Mögliche gibt. Jan hat immer noch kein Wacken-Shirt gekauft, so langsam möchte ich doch auch eins, aber hier gibt es gar keine. Dass die Metaller Konsumverweigerer wären, kann man jedenfalls nicht behaupten.

Wir hören ein bisschen in Ensiferum und Suicidal Tendencies rein. Immer noch nicht meine Musik. Hier und da fallen uns plötzlich Leute in Grindfuckers-T-Shirts auf. Scheinen doch einigermaßen bekannt zu sein. Auf den Pfählen sitzen inzwischen andere.

Oh Mann! Wir haben Russkaja verpasst! Vor lauter Gucken und Uns-treiben-Lassen haben wir die ganz vergessen, dabei hätte ich die doch wirklich sehen wollen! Doof.

Und dann machen wir etwas noch viel Dooferes: Wir fahren nach Hause. Weil das so geplant war und weil Jan plötzlich Stalldrang hat. Beziehungsweise arbeiten muss. Dabei hätte es im Pressezelt bestimmt auch Internet gegeben, wir haben das Pressezelt nicht mal gefunden.

Wie wir überhaupt alles Mögliche verpasst haben. Wir haben Russkaja verpasst und die Excrementory Grindfuckers, die erst Freitagnacht um zwölf spielen. Wir haben Mambo Kurt verpasst. Wir haben die Folterecke nicht gesehen, keine Miss Wet T-Shirt, kein Oil-Catchen und kein Wrestling (zum Glück). Wir haben die Highland Games verpasst, die Ritterkämpfe und die Rollenspiele. Ich habe mich doch nicht mehr im Bullriding versucht, und wir haben keine T-Shirts gekauft. Wir haben Motörhead verpasst! Das muss man sich mal vorstellen! Waren wir überhaupt da?

Den Rest des Wochenendes verbringe ich damit, Jan maulige Mails zu schicken, warum wir eigentlich so früh wieder gefahren sind und wessen blöde Idee das eigentlich war und dass wir ja einfach wieder hinfahren könnten. Das ist ziemlich gemein von mir, er wäre auch lieber noch geblieben. Außerdem gucke ich bei YouTube nach den Grindfuckers, rechne mit Schlimmem und finde ganz großartig lustige Spaßmusik. Die Jungs haben mich die ganze Nacht wach gehalten und mich echt genervt, aber jetzt bin ich Fan.

Und nächstes Jahr will ich wieder nach Wacken. Und dann nehme ich alles mit und mache einen Plan und gucke mir die Bands an, die ich sehen will (was nicht allzu viele sein werden, aber hey). Und Schlammcatchen.

See you in Wacken, rain or shine!

Rumkugeln

In einem Museum läuft gerade eine Ausstellung zum Thema Wasser, und da wird schnell ein Zusammenhang herbeikonstruiert, der diese Plastikkugeln rechtfertigt, in denen man auf der Alster herumkugeln kann. Der herbeikonstruierte Zusammenhang läuft irgendwie darauf hinaus, dass man, wenn wir unsere Gewässer weiter so verschmutzen, bald nur noch in geschlossenen Kugeln aufs Wasser kann, aber nicht mehr darin baden. Was vermutlich Quark ist, zumal die Gewässer, jedenfalls in Europa, inzwischen sauberer sind als noch vor dreißig Jahren, aber egal, die Idee ist lustig, und ich bin natürlich dabei.

Also: dabei, nachdem ich eine Nummer gezogen habe und eine Runde um die Binnenalster geschlendert bin und noch ein bisschen getrödelt habe und Pommes gegessen und ein Alsterwasser getrunken und dann fast doch zu spät gekommen wäre. Aber jetzt!

Ich winde mich irgendwie in die schlaffe Plastikhülle, aus der gerade jemand anderes ausgestiegen ist, dann kommt ein Mann mit einem großen Föhn und pustet durch das Einstiegsloch Luft zur mir in den Ball. Der Ball wird größer und runder, er hat ungefähr zwei Meter Durchmesser, ich kann aufrecht darin stehen. Der Mann macht den Reißverschluss weiter zu, sodass nur noch der Föhn durch das Loch passt und beim Föhnen nicht genauso viel Luft rausgeht wie rein, und dann zieht er den Föhn ganz raus und macht den Reißverschluss zu. Ich finde, dass noch zu wenig Luft im Ball ist, er ist gar nicht prall, aber der Mann kennt sich da ja aus und ich nicht.

Ich gehe zwei Schritte in dem Ball an den Rand des kleinen Pontons und dann einfach noch einen Schritt aufs Wasser, denn in diesem Ball kann man ja auf dem Wasser laufen. Er besteht aus einem ähnlichen Material wie handelsübliche Wasserbälle, also aus ziemlich dünnem Plastik, nicht viel stabiler als eine Einkaufstüte. Und auf einer Einkaufstüte kann man, entgegen meiner Hoffnung, durchaus nicht auf dem Wasser laufen. Man kann nicht einmal darauf stehen, sondern es macht natürlich schon in dem Moment, als ich den Fuß aufs Wasser setze, «platsch», und ich liege in meinem Plastikball auf dem Wasser.

Aber irgendwie muss es doch gehen – nicht dass ich bei den anderen umhertreibenden Plastikbällen sehen würde, dass es jemand schafft, darin zu stehen oder gar zu gehen, aber versucht werden muss es natürlich. Ich gehe in den Vierfüßlerstand, richte mich halb auf, kippe, platsch. Glücklicherweise fällt man weich, man fällt ja aufs Wasser beziehungsweise auf das weiche Plastik auf dem Wasser.

Vielleicht, wenn ich mich breitbeiniger hinstelle? Ich gehe wieder in den Vierfüßlerstand, setze einen Fuß auf, richte mich auf, anderer Fuß, platsch. Hihi, das ist lustig. Und wieder von vorn. Hinsetzen, aufrichten, eine halbe Sekunde lang so was Ähnliches wie stehen, kippen, platsch. Und noch mal. Und noch mal und noch mal, ich mache keinerlei Fortschritte, habe überhaupt keinen Erfolg, aber Ehrgeiz und großen Spaß.

Kann das funktionieren? Soll man wirklich darin stehen und gehen können, oder ist das sowieso nur Wunschdenken, und es geht gar nicht? Vielleicht ist es doch mehr zum Rumkugeln gedacht? Was machen denn die anderen?

Auch nichts anderes. Aufstehen, hinfallen, Krone richten, aufstehen, hinfallen, liegen bleiben. Auf die Dauer wird es nämlich anstrengend, auf dem weichen Plastik auf dem weichen Wasser aufzustehen und hinzufallen und aufzustehen und hinzufallen. Außerdem entwickelt sich schnell ein tropisches Klima, so groß ist die Kugel ja nicht, dass unbegrenzt Sauerstoff drin wäre. An den Wänden bildet sich schon langsam Kondenswasser, und mir wird warm. Deswegen ist es auch gut, dass alle diese Plastikbälle an langen Leinen hängen und uns an Land jemand festhält. Damit wir rechtzeitig und heil und an der richtigen Stelle wieder anlanden. Gezielt zum Ponton zurückzukehren dürfte nämlich schwierig werden, der Ball lässt sich nicht gut steuern. Ich falle immer irgendwohin.

Ich mache kurz Pause, lege mich einfach hin, gucke in den Himmel und verschnaufe. Sehr gemütlich, super Erfindung. Man reiche mir ein Buch. Und vielleicht noch ein Alsterwasser.

Nee, nee, das geht nicht, ich habe nur zehn Minuten, bis sie mich wieder an Land ziehen, weil da noch eine ganze Schlange von Leuten steht, die das auch machen wollen (und weil sonst die Luft knapp wird), und diese zehn Minuten muss ich nutzen. Ich versuche es auf allen vieren. Krabbeln geht, allerdings komme ich nicht etwa voran, sondern bewege mich auf der Stelle oder in irgendwelche Richtungen, die ich gar nicht beabsichtigt habe. Der Ball dreht sich unter mir weg, wie es ihm gerade in den Sinn kommt. Außerdem kann man erstaunlicherweise auch beim Krabbeln in alle erdenklichen Richtungen umkippen. Ich muss kichern.

Dann versuche ich doch wieder aufzustehen, das muss doch gehen! Ich stehe eine Sekunde, platsch, da liege ich, stehe wieder auf, falle und so weiter ad infinitum. Ich kippe nach vorne, nach hinten, zur Seite, schräg, in alle Richtungen und falle immer weich. Länger als eine Sekunde bleibe ich nicht stehen, dann kippe ich wieder, und spätestens bei dem Versuch, einen Schritt zu machen, falle ich um. Und dann liege ich da und muss laut lachen, wahrscheinlich sieht das alles genauso albern aus, wie es sich anfühlt.

Die zehn Minuten sind viel zu schnell vorbei. Ich werde an Land gezogen und muss raus – am liebsten würde ich nur kurz mal den Kopf rausstrecken, frische Luft in den Ball lassen und es dann noch mal versuchen, aber das geht natürlich nicht. Ich möchte wirklich gern wissen, ob man es überhaupt hinkriegen kann, in so einem Plastikball zu stehen und zu gehen.

Zu Hause ergoogle ich, dass dieser Spaß «Water-Zorbing» heißt und dass es «Zorbing» auch an Land gibt: dann mit zwei ineinanderliegenden Bällen und einer polsternden Luftschicht dazwischen. Man befindet sich in dem inneren Ball und kullert damit Hügel hinunter. Klingt großartig und ein bisschen beängstigend, ich wär sofort dabei.

Slimyonik

Pffffffffft, krrrrrrrrrrrrr, knack. Krrrrrrr, pfffffffffft, knick-knack. Krrrrrrrrrrrr.

Wäre ich Ernst Jandl, dann würde ich diese Geräusche zu einem Gedicht verarbeiten. Aber nu, ich bin nicht Ernst Jandl. Ernst Jandl liegt nicht in einer aufpumpbaren Riesenhose in einem sterilen Zimmer im Hamburger Osten, sondern auf, nun ja, da bin ich dann doch wieder froh, dass ich nicht auf einem Friedhof liege, sondern in einer aufpumpbaren Riesenhose in einem sterilen Zimmer im Hamburger Osten und dem Aufpumpgerät zuhöre: Krrrrrrrrrrrrr, pfffffffffft, knack, pffffffffffffft, krrrrrrrrrrr, knack.

Die aufblasbare Hose heißt «Slimyonik». Als ich allerdings an der Rezeption sage: «Ich habe einen Termin für die Abnehmhose», findet die Dame das offenbar überhaupt nicht witzig. Man würde mit der Slimyonik nicht abnehmen, erklärt sie, man könne das Abnehmen dadurch höchstens unterstützen. Warum sie dann was mit «slim» heißt, frage ich lieber nicht. «Unterstützen» scheint mir überhaupt eins der Lieblingswörter dieser Branche zu sein, wobei ich nicht mal genau weiß, was für eine Branche das eigentlich genau ist – Wellness ist es nicht, Medizin wohl auch kaum und Fitness schon gar nicht. Vielleicht ist es die Unterstützungsbranche für alle drei. Pffffffft, krrrrrr. Möglicherweise ist es auch einfach die Branche, die Geld damit verdient, dass Frauen sich nicht schön genug fühlen (Faustregel: jedes Gramm Fett = dick = *zu* dick = nicht schön). Die Frauenzeitschriften-Unterstützungsbranche. Wobei die Frauenzeitschriften dann auch wieder diese Branche unterstützen, praktisch eine Win-win-Situation für alle Beteiligten außer den Frauen, die das glauben. Dass sie zu dick sind und dass sie mit einer Aufpumphose abnehmen können. Wo war ich?

Das Zweite, was die aufblasbare Hose kann oder auch nicht kann, ist: Cellulite verringern (Cellulite = nicht schön). Kann man gut in dem kleinen Werbevideo mit dem bescheidenen Titel «Slimyonik, das Wunder» sehen (findet sich bei YouTube).

Krrrrrrr, pfffffffft, knack. Die Hose geht von den Füßen bis zur Taille hoch und hat 24 Luftkammern, die nacheinander aufgepumpt und wieder geleert werden. Es gibt unterschiedliche Programme: Slim- und Cellulite-Massage, reine Cellulite-Massage, Lymph-Massage, Sport-Massage und so weiter. Der Unterschied zwischen den Programmen besteht vor allem in der Choreographie des Aufpumpens. Ich habe keine Ahnung, in welchem Programm ich mich gerade befinde. Knick-knack, pfffffffft, krrrrrrrrrr.

Die Hose wird ganz schön stramm aufgepumpt, sie quetscht mir ordentlich die Beine zusammen – dass da lymphdrainiert wird, glaube ich sofort. Und wenn sie dabei aus meiner Orangenhaut zarte Mandarinenhaut macht, soll's mir recht sein, denn tatsächlich finde auch ich meine Orangenhaut nicht besonders hübsch. Allerdings kommt mir auch der Gedanke, dass man in dieser Hose vielleicht nur durch schlichtes Zusammenpressen verschlankt wird. Wie so ein Stressball aus Weichgummi, den man zusammendrückt und der dann nach und nach doch wieder seine ursprüngliche Form annimmt. Pfffff, krrrrr.

Zu blöd: Mein Fotoapparat ist in meiner Handtasche, und die liegt ein Stück weit weg auf dem Boden, ich komme nicht dran. Sonst würde ich gern ein Bild von mir in der Lufthose machen. Oder komme ich doch dran? Ich versuche, mich in der aufgepumpten Hose von der Liege zu neigen, krrrrrr, strecke den Arm

aus, pffffffft, noch ein Stückchen, dann komme ich an meine Jacke, und wenn ich geschickt genug an der Jacke ziehe, knack, kann ich vielleicht die Handtasche mit zu mir ziehen, pfffffffft, ich ziehe an der Jacke, aber die Tasche kommt nicht mit, huch! Fast wäre ich von der Liege gefallen. Krrrrrrrrr. Ich sehe mich schon in so einer Slapsticknummer, wie ich in der aufgepumpten Hose von der Liege plumpse, die Luftkabel, die in der Hose stecken, reißen das Geräusche-Gerät mit runter, es schlägt ein Loch in den Boden oder in die Hose, die daraufhin explodiert, alles endet im Chaos. Pfffffft.

Ich verwerfe die Idee mit dem Selbstportrait und lege mich wieder ordnungsgemäß hin. Krrrrrrrr.

Nach vierzig Minuten, in denen mal nur Teile der Hose – immer schön langsam nacheinander von oben nach unten oder von unten nach oben –, mal die ganze Hose auf- und wieder abgepumpt wurden, ist es vorbei. Pfffffft.

Als ich nach Hause komme, ist für drei Tage Kinderbesuch da, und ich verschwende keinen einzigen Gedanken mehr an meine Cellulite. Wir gehen in den Zoo, den ganzen Tag, die Sonne scheint, die Kinder sind glücklich, ich auch, und die Tiere sind super. Zwei jugendliche Elefanten toben miteinander im Wasser herum, wir gucken ewig lange zu, es sieht nach einem großen Vergnügen aus, da macht schon das Zugucken Spaß.

Ich will mich gar nicht zu sehr lustig machen. Die Hose, beziehungsweise die Luft in der Hose, packt schon ganz schön kräftig zu, und ich bin überzeugt, dass das irgendeine Wirkung hat. Merkt man auch, es kribbelt. Allerdings bin ich auch überzeugt, dass Frauen viel zu sehr eingetrichtert bekommen, sie müssten dünner sein und weniger Cellulite haben und wären überhaupt nicht schön genug und müssten was dagegen tun. Am besten für Geld.

Bleibt die Massage, Massage ist natürlich immer super. Allerdings werde ich lieber von einem Menschen massiert, aber das ist natürlich nur meine persönliche Vorliebe. Meine andere persönliche Vorliebe ist, mit Kindern in den Zoo zu gehen. Das macht mich mit Sicherheit glücklicher als so eine Hose. Und glücklich macht schön, alte Regel. Cellulite? Pfffft.

Stand-up-Paddling

Im ersten Moment wackelt es natürlich. Ich kann nicht Wind-surfen oder Wellenreiten oder irgendwas, ich habe noch nie auf so einem Brett gestanden, das Gefühl ist neu für mich. Ich stoße mich mit dem Paddel ein bisschen von der Betonwand ab, von der aus ich auf das Brett gestiegen bin, da wackelt es noch ein bisschen mehr … aber ich stehe. Noch.

Als es nicht mehr ganz so sehr wackelt, tauche ich das Paddel ins Wasser, wie der junge Mann vom Stand-up-Paddling-Center es uns vorher gezeigt hat, ziehe es durch und: YEAH! Ich gleite durchs Wasser. Auf einer Art Surfbrett. Im Stehen.

Das mache ich gleich noch mal. Und es funktioniert! Wie toll ist das denn! Nur nicht zu begeistert werden, denn es wackelt schon ziemlich. Irgendwo hinter mir an Land steht Axel mit der Kamera, ich würde mich gern zu ihm umdrehen, aber das kommt leider überhaupt nicht in Frage. So fest stehe ich noch nicht, dass ich mich einfach umdrehen könnte. Ich paddle ein paar Mal rechts und fahre raus auf den Stadtparksee, erstaunlicherweise fahre ich einigermaßen geradeaus, weil ich doch eher zögerlich und lang-sam paddle, aber doch in einem leichten Bogen. Logisch, wenn man immer rechts paddelt.

Meine Füße versuchen, sich an dem Brett festzukrallen, das ist irgendwie anstrengend und unentspannt. Mein Kopf weiß natür-lich, dass es zudem Unsinn und wenig aussichtsreich ist, ich bin ja kein Affe, und das Brett ist kein Baum. Glatte Zivilisations-füße können sich nicht an einem glatten Plastikbrett festhalten, ich befehle meinen Füßen, damit aufzuhören und sich locker zu machen. Meine Füße gehorchen mir nicht.

Ich will eigentlich in die andere Richtung, und jetzt wage ich es, das Paddel auf die andere Seite zu nehmen, tauche es links ein, halte es fest, paddle ein bisschen zurück, und es funktioniert: Ich drehe mich langsam. Ha! Wie toll! Inzwischen stehe ich auch etwas sicherer, meine Füße sind allerdings immer noch eher unentspannt, warum eigentlich? Es kann ja überhaupt nichts passieren. Das Einzige, was passieren könnte, wäre, dass ich ins Wasser falle. Es ist warm, ich trage einen Bikini und darüber ein kurzes T-Shirt-Kleidchen, das ich extra deswegen anhabe, weil es ruhig nass werden kann. Ey, Füße, macht euch mal locker. Echtjetzma.

Ich verlasse den Stadtparksee und fahre unter der Brücke hindurch auf den Goldbekkanal. O weia, da ist ganz schön viel Verkehr: Ruderboote, Paddelboote, Kajaks, Kanus, Tretboote, ein Zweier mit Steuermann, ein Vierer mit Steuermann, dazwischen andere Stand-up-Paddler. Wenn das mal keine Zusammenstöße gibt. Und fahren hier nicht auch kleine Schiffe durch? So Ausflugsbötchen? Was passiert eigentlich, wenn es Wellen gibt?

Ich fahre ein Stück Richtung Alster, es geht immer besser und immer entspannter, ich paddle rechts und links und wieder rechts und weiche souverän den ganzen kleinen Booten aus. Na gut, so mittelsouverän. Bis auf die Male, wo ich total unsouverän ausweiche oder einfach «waaaaahh!» brülle. Die Sitzpaddler und Ruderer sind teilweise auch nicht geübter im Umgang mit ihren Geräten, aber irgendwie schaffen wir es dann doch immer aneinander vorbei. Auf dem Wasser geht ja meist alles schön langsam.

Bestaunt werde ich auch. Jemand möchte wissen, ob das schwer ist. Ich mache das seit zehn Minuten, sage ich, noch bin ich trocken.

Inzwischen paddle ich ganz locker vor mich hin, sogar meine Füße entkrampfen sich ein bisschen. Ich mache kehrt, weil ich keine Ahnung habe, ob ich womöglich gerade nur mit der Strömung so gut vorankomme und auf dem Rückweg kräftiger paddeln

muss. Was ich nicht gesehen hatte: Da ist ein Schrebergarten mit kleinem Steg, auf dem lauter Leute sitzen. Ich wende genau davor. Die Leute gucken mir zu, lachen, johlen, machen irgendwelche Bemerkungen, die ich glücklicherweise nicht verstehe, applaudieren. Hilfe. Jetzt bloß nicht reinfallen.

Dabei merke ich gerade, dass es ganz schön warm ist und die Aussicht, ins Wasser zu fallen, eigentlich ganz verlockend. Aber man hat ja auch seinen Ehrgeiz, ich werde mir hier keine Blöße geben, ich fahre eine tadellose Wende und dann zurück.

Ein Ehrgeiz, den ich überhaupt nicht entwickle, ist: schneller vorankommen. Stattdessen überkommt mich eine große Ruhe. Ich stehe auf meinem Board, paddle rechts, paddle links, alles sehr geruhsam und gemütlich, ich weiche den Paddel-, Ruder- und Tretbooten aus, die Enten weichen mir aus, die Sonne scheint, das Wasser plätschert, und es ist ein Frieden. Möglicherweise wiederhole ich mich, aber: Wasser macht glücklich.

Ob da ein Kiel unter dem Board ist, fragt mich jemand aus einem Ruderboot. Nur ein kleiner, sage ich, hinten, so eine dünne Finne, vielleicht dreißig Zentimeter lang. Die Leute in dem Boot meinen, es sei ja ganz schön mutig, sich da einfach so in Straßenklamotten draufzustellen. Auf der Straße laufe ich so nicht herum, denke ich und sage, dass ich einen Satz frische Klamotten dabeihabe. Tatsächlich hatte ich damit gerechnet, dass man erst mal mehrfach ins Wasser fallen würde, bis man halbwegs sicher steht, aber das muss offenbar gar nicht sein. Ich wackle absichtlich ein bisschen auf dem Brett herum, damit etwas kühles Wasser über meine Füße schwappt. Herrlich.

Und so paddle ich eine Stunde lang vor mich hin, im Stehen, ganz geruhsam, kein Stress, sogar meine Füße lassen irgendwann locker, und ich finde alles toll. Eigentlich kehre ich nur deswegen zurück, weil schon eine Stunde vergangen ist und Axel mit der Kamera auf mich wartet. Ansonsten hätte ich gut noch weiter gekonnt. Am Steg nimmt der Mann vom SUP-Center mich in Empfang und sorgt dafür, dass ich unfallfrei anlege und trocken an Land komme.

Nächstes Mal lassen wir die Kamera zu Hause und fahren zu zweit und dann am liebsten gleich bis in die Alster, denn: Das will ich sicher mal wieder machen. Und auch gerne länger.

Singaround.
Eine kleine Typologie

«Aus Deutschland, wie interessant, wie heißt ihr? Wollt ihr auch was singen?» – «Wenn ich darf, gerne», sagt mein Mann. Ich nicht, ich singe nicht.

Wir sind in Norfolk. So ein englisches Singaround ist etwas anderes als die Irish / Scottish Folk Sessions, auf denen Axel sonst mitspielt. Es wird tatsächlich reihum gesungen, es sind unglaublich viele Leute da, viele Sänger und auch erstaunlich viel Publikum. Man kennt sich. Manche haben eine Gitarre oder ein anderes Instrument dabei, andere singen ohne Begleitung. Manchmal spielt auch jemand ein Stück auf der Flöte oder Geige. Manche singen oder spielen grausig schlecht, manche richtig gut. Jeder darf, wie er kann, jeder bekommt Applaus, jeder wird mit derselben Freundlichkeit behandelt. Und gelegentlich singen alle den Refrain mit, manchmal auch mehrstimmig. Ich hole mir einen Cider und eine Tüte Chips.

Da ist der alte Bauer mit den unfassbar schiefen, vorstehenden Zähnen, der großen Nase und dem fliehenden Kinn. Er spielt rasend fröhliche Melodien auf dem Akkordeon. Später singt er ein albernes Lied über irgendwas mit einem verliehenen Regenschirm, weswegen eine junge Frau beim Erdbeerenpflücken furchtbar nass wird und dann zu dem jungen Mann nach Hause geht, um sich abzutrocknen und die nassen Sachen auszuziehen, und der junge Mann nutzt die Situation schamlos aus und: genau. Isst derweil alle ihre Erdbeeren auf. Er hat keine tolle Stimme, legt aber so viel Witz und Ironie in seinen Vortrag, dass es trotzdem funktioniert. Wenn er spricht, verstehe ich leider wenig. Der Dialekt, die Zähne.

Die Debütanten. Ein unsicheres Paar, sie haben zu Hause ein Stück geübt, er auf der Gitarre, schrumm-schrumm, sie mit der Tin Whistle. So eine Tin Whistle klingt von sich aus nicht gerade schön, man muss sie schon gut spielen. Die Frau tut das nicht, sie spielt wie eine Erstklässlerin, inklusive vergessener Vorzeichen. Das Publikum applaudiert höflich.

Zwei joviale Opas, einer mit übergekämmter Glatze, die Hose bis unter die Achseln gezogen, der wunderbar Mundharmonika spielt, und der andere spielt Gitarre und hat eine sehr schöne Stimme und ein sehr großes Selbstbewusstsein.

Die Diva, die sich für begabter hält, als sie ist. Sie singt mit viel Gefühl, viel Show und wenig Stimme.

Der ältere Rollstuhlfahrer, der sein Handicap mit albernen Liedern und einem albernen T-Shirt («Pimp my Ride») wegzulachen versucht. Die Lieder sind wirklich lustig, und seine Stimme ist sehr gut. In einem Lied geht es darum, dass einer ein Loch gebuddelt hat, das so wunderschön rund ist und tief und genau an der richtigen Stelle für so ein Loch. Es kommt ein *man with a bowler hat* und hält ihm ein Papier unter die Nase, dass das Loch da nicht sein darf, und wenn schon, dann habe es gefälligst eckig zu sein und nicht so tief, und überhaupt sei es an der ganz falschen Stelle. Der Lochbuddler will es aber rund und tief und an ebendieser Stelle haben, und am Ende ist da kein Loch mehr, und wo das Loch war, ist es jetzt wieder eben, und irgendwo darunter liegt *a man with a bowler hat*.

Ein leicht angeökter Vertreter der Middle Class, der verschiedenste Flöten aus aller Herren Länder spielt und uns eine kleine Improvisation auf einer norwegischen Hirtenflöte flötet. Kommentar aus dem Publikum: I didn't even know they had sheep in Norway.

Die unauffällige Blassblonde mit der umwerfenden Stimme und den anrührenden Liedern.

Der Schreihals, der zum Singen nicht nur aufsteht, sondern auch noch in die Mitte geht, sehr laut singt, jeden Ton in die Länge zieht, sich immer wieder nach allen Richtungen dreht, damit auch ja jeder alles hört, und bestimmt mit Absicht extralange Balladen ausgesucht hat. Trying too hard.

Der leise Lagerfeuersänger. Das Wort «Schmusebarde» drängt sich auf.

Die dralle Rotlockige, der man schon von weitem ansieht, wie ansteckend ihr Lachen ist.

Der hochgewachsene ältere Herr, bestimmt Mitte siebzig, in kurzen Hosen und Leinenhemd, der dieses unglaubliche Lächeln hat, er strahlt, oder vielleicht grinst er auch, es wirkt ein bisschen unsicher und ungeheuer liebenswürdig. Er spielt Concertina, das sind diese kleinen, sechseckigen Ziehharmonikas, und singt dazu ein Lied vom Brombeerensammeln: «Do you think we'll go / blackberrying / blackberrying / this year? / I'd like to go / blackberrying / with you, my dear.» Das Lied ist in Text und Melodie von dermaßen umwerfender Schlichtheit und Schönheit, und ebenso ist sein Vortrag, unprätentiös, ganz einfach, und dadurch so innig, dass ich fast weinen möchte vor Glück. In der Pause fragen wir sofort nach, von wem das Lied ist. Es ist von ihm, er hat es selbst geschrieben. Ich brauche noch einen Cider.

Vater und Tochter, die zu den Quäkern gehören, wie die Organisatorin berichtet. Der Vater singt Beatleslieder zur Gitarre, die Tochter irgendwas Unbekanntes – wie alt mag sie sein, vierzehn? Sie ist angezogen wie eine Oma und singt, na ja, schon ganz gut.

Der langhaarige, dünne, großflächig Tätowierte, der ein bisschen zu schnell, aber ganz gut *Moondance* von Van Morrison singt.

Das Ehepaar, das in seinem ganzen Auftreten sehr leise und

zurückhaltend ist, aber ein bisschen was kann. Sie sind neu in der Gegend und sitzen etwas abseits. Er singt ein unglaublich nettes Lied, dessen Text sinngemäß etwa so geht: «Ich wollte ja eigentlich ein Lied singen, aber weiß nicht, ob ich das noch zusammenkriege. Es ging darin irgendwie um einen Mann und eine Frau, ich weiß nicht mehr genau, was alles passiert ist, jedenfalls war es, glaube ich, Mai. Irgendwie sind die beiden sich nähergekommen, und ich weiß nicht mehr, aber ich glaube, am Ende war jemand schwanger, aber ich bin nicht sicher, wer. Solche Lieder werden ja heute gar nicht mehr geschrieben.» Sehr schön gemachtes Lied. Als er fertig ist, fragt der alte Herr mit dem Brombeerlied, woher der Mann das Lied denn kenne. Das habe er von einem Herrn namens Suchandsuch gelernt, sagt der Mann. Manche grinsen schon, da sagt einer: Das Lied ist vom Brombeermann. Der es sang, ist ganz überrascht. Und ich kann es kaum fassen: Da werden tatsächlich noch Lieder mündlich überliefert. Nirgends notiert, nirgends veröffentlicht.

Insgesamt waren wir bei drei solcher Singarounds. Erstaunlich viele Leute sangen ihre eigenen Lieder, und die sind wahrhaftig nicht schlecht. John Mathews, den Brombeermann, haben wir noch einmal wiedergetroffen. Inzwischen wussten wir, dass es mal eine CD von ihm gab und dass sie seit Jahren ausverkauft ist. Er hat extra für mich noch mal das Brombeerlied gesungen. Als ich ihn fragte, ob die Chance bestehe, seine Texte im Internet zu finden, grinste er nachsichtig. Nein, meinte er. Aber er habe natürlich noch das Master von der CD, wenn wir ihm unsere Adresse aufschreiben, könne er uns eine Kopie schicken. Das hat er auch gemacht, und ich liebe das Brombeerlied immer noch sehr.

Rhönrad

Maret nimmt mich mit. Maret hat schon ein paar Jahre im Rhön-rad geturnt, jetzt allerdings geht sie nach viereinhalb Jahren Kinderpause zum ersten Mal wieder hin und behauptet, sie könne bestimmt überhaupt nichts mehr und müsse genauso von vorn anfangen wie ich.

Das ist, stellt sich schnell heraus, natürlich Unfug. Sie steigt in ein Rhönrad, schiebt die Füße in die Schlaufen und rollt los, als hätte sie sich nie anders fortbewegt. Es sieht ungeheuer elegant aus, zwei Umdrehungen bis zum Ende der Turnhalle, zwei Umdrehungen zurück, dann steht sie wieder neben mir und strahlt plötzlich von einem Ohr zum anderen. Sie grinst das Rhönrad an und sagt erst mal eine Weile gar nichts. Dann: Ich wusste gar nicht, wie sehr ich das vermisst habe. Dann setzt sie die Füße um und rollt auf eine andere Weise noch mal ans Ende der Turnhalle und zurück.

Ich bin schwer beeindruckt. Es sieht so leicht aus und so elegant und als mache es Spaß. Ich stelle mich probeweise in ein Rad in meiner Größe. Stecke die Füße in die Lederschlaufen und fasse die Handgriffe an. Und kann mir nicht vorstellen, wie es gehen soll, sich damit einmal rumzudrehen. Man fängt ja nicht gleich mit Schwung an, sodass es wie Radschlagen wäre, sondern dreht sich langsam auf die Seite und muss dann mit den Armen das ganze eigene Gewicht halten. Ich habe aber keine Armmuskeln, ich sitze seit 25 Jahren im Wesentlichen am Schreibtisch und habe außer Tippen nichts weiter für meine Armmuskeln getan. Und diese Fußschlaufen kommen mir auch nicht besonders vertrauenerweckend vor.

Der Trainer kommt zu mir. Er heißt Fred, und Maret behauptet, er habe Turnvater Jahn noch persönlich gekannt. Turnvater Jahn ist 1852 gestorben, ganz so alt ist Fred also möglicherweise doch nicht, aber er hat weiße Haare und einen weißen Bart und trägt eine weiße Turnhose und ein weißes Unterhemd. Schwer zu schätzen, wie alt er ist, vermutlich geht er auf die 80 zu.

Ich soll die Füße auf den kleinen Brettchen noch weiter durch die Schlaufen schieben und dann vorne nach auswärts drehen, vom Brett runter. Damit ich mich mit den Füßen am Brett festhalten kann. Bitte, was? Mit den Füßen festhalten? Bevor ich noch darüber nachdenken kann, wie das gehen soll, fängt Fred an, langsam das Rad zu drehen, und mein ganzes Körpergewicht verlagert sich auf meinen linken Arm. Füße halten, Füße halten!, sagt Fred. Ich kralle irgendwie die Füße um die Brettchen, kralle mich mit den Händen an den Griffen fest, kralle überhaupt alles zusammen, was ich im Schulterbereich habe, und Fred sagt: Füße halten, die Arme brauchst du gar nicht, und dann hänge ich schon fast über Kopf – nicht zu fassen, er macht das tatsächlich, er lässt mich tatsächlich sofort die ganze Runde drehen, ich schreie. Normalerweise schreie ich nicht gleich los, aber jetzt schreie ich, Fred hält mir oben die Füße fest, und dann geht es auf der anderen Seite wieder hoch, und ich stehe wieder aufrecht. Fred hält das Rad an.

Und ich weiß gar nicht, was ich sagen soll, ich habe mich einmal rumgedreht in diesem Rad, hui, und ich weiß jetzt schon, dass ich den Muskelkater aus der Hölle kriegen werde, aber … ich will noch mal! Fred hält mir die Füße, ich werde noch einmal rumgedreht, mir brechen fast die Arme durch. Und dann wieder zurück, huch, andere Richtung, fühlt sich gleich anders an. Zwei Umdrehungen zurück. Ich schwitze, ich merke jetzt schon, dass ich die erstaunlichsten Muskeln benutzt habe. Und natürlich die Armmuskeln, aua. Aber was für ein Gefühl!

Zwei elfjährige Mädchen sind da, sie toben und schreien und kullern in ihren Rhönrädern herum, als wäre das nichts. Und hinten, auf der anderen Seite der Halle, eine junge Frau, die auch einfach so herumkullert, als wäre das nichts, und zwischendurch irgendwo umgreift und sich anderswo festhält, mitten in der Fahrt, in dem Rad eine Brücke macht, es sieht wunderschön aus. Und so einfach, so spielerisch. Seit gerade eben habe ich aber eine leise Ahnung, was für eine Körperspannung man dazu braucht.

Fred kümmert sich rührend um mich, einerseits. Andererseits sagt er die meiste Zeit kein Wort. Vielleicht, weil es sowieso logisch ist: Wenn man quer im Rad steht und sich an den Haltegriffen festhält, sind die Arme etwas angewinkelt. Wenn man anfängt, sich zu drehen, muss man den Arm, auf den das Gewicht verlagert wird, strecken, um sich abstützen zu können, das tut man schon automatisch. Wenn das Gewicht dann beim Weiterrollen auf den anderen Arm verlagert wird, muss der gestreckt werden – aber gleichzeitig muss man den ersten Arm wieder anwinkeln, denn wenn beide Arme gestreckt sind, drückt man sich aus dem Rhönrad sozusagen hinten raus, und dann kippt es. Vollkommen logisch, aber wenn es einem keiner sagt, denkt man nicht unbedingt dran. Ich jedenfalls nicht. Gut, dass Fred dabei ist, er hält mich fest.

Nach ein paarmal hin und her sagt er, ich solle jetzt die Füße mal anders um die Brettchen krallen, beide nach vorne, sodass ich in Fahrtrichtung gucke und mich mit beiden Armen am selben Griff festhalte. Wieder ein völlig neues Gefühl, aber es kommt mir irgendwie einfacher vor, weil ich mich auf beide Arme gleichzeitig stützen kann. Aber dann komme ich am Ende der Halle an und muss rückwärts zurück – huaaaah! Aber: Geht. Wow. Toll.

Und überhaupt bin ich sofort angefixt, was für ein toller Sport! Allerdings tun mir jetzt schon die Arme weh. Ich mache ein bisschen Pause.

Es ist noch eine Turnerin dazugekommen, sie schiebt ihre Füße in die Schlaufen und rollt dann einfach los, ohne sich festzuhalten. Einfach so, sie steckt nur mit den Füßen in den Lederdingern und klemmt da irgendwie fest und hat eine sensationelle Körperspannung, und wieder sieht alles so leicht aus. Ich beschwere mich. Das ist total unfair, sage ich, ich kralle mich da krampfhaft fest, spanne meinen kompletten Schultergürtel an, habe jetzt schon Bi- und Trizepsschmerzen, und dann kommt diese Frau daher und braucht ihre Arme einfach überhaupt nicht! Na ja, sagt sie, sie habe auch zwanzig Jahre Vorsprung. Okay, das will ich gelten lassen. Grummelgrummel. Ich will das auch können!

Maret tänzelt derweil um ihr Rhönrad herum und sagt: Was kann ich denn noch, was kann ich denn noch mal machen? Die große Brücke. Das mit dem einen Arm. Wie ging noch mal das mit … ach ja! Es ist alles so schön anzusehen, vor allem ihr strahlendes Gesicht.

Ich soll auch noch was versuchen: die Füße quer zur Fahrtrichtung, die Hände auch quer, aber einmal um meine eigene Längsachse verdreht, die Füße nach vorn, das Gesicht nach hinten – so kann ich kaum stehen, geschweige denn mich abstützen. Ich sage, das wird nicht gehen, die Kraft habe ich nicht, aber Fred hört nicht auf mich und rollt mich einfach los. Mein Gewicht kommt auf den linken, hinteren Arm, und das tut jetzt wirklich richtig scheißweh, so sehr, dass mir fast die Tränen in die Augen schießen, kopfüber im Rhönrad, und dass ich Angst habe, rauszufallen, ich kann mich nicht halten, ich schreie, da wird es zum Glück besser, das Gewicht wird weniger, weil ich rumgerollt bin, aber das. war. nicht. lustig. Aua. Keine gute Idee.

Vielleicht fällt es jemandem, der Turnvater Jahn noch persönlich kannte, schwer, zu glauben, dass man auch mit Anfang vierzig schon hoffnungslos untrainiert und armmuskellos sein kann. Aua.

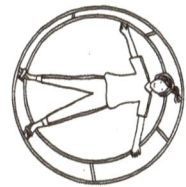

Aber nach einer Pause will ich natürlich doch wieder. Nur nicht mehr so verdreht, das geht wirklich nicht. Aber normal quer geht es, ich rolle herum und noch mal, Fred geht nur noch neben mir her und hält mich angeblich gar nicht mehr fest. Am anderen Ende grinse ich dümmlich und sage: Das war schon ganz cool, oder? Keine Antwort. Ich rolle zurück, Fred geht nebenher, wieder vorn angekommen, versuche ich es noch mal: Das war doch wohl wirklich cool jetzt? Keine Reaktion. Maret grinst. Ich sage: Kann ich vielleicht mal ein bisschen Lob haben? Maret applaudiert, Fred lächelt milde. Immerhin!

Irgendwann mittendrin sagt Fred: Wir lassen jetzt mal los. Ich dreh dich auf den Kopf, und dann lässt du los, damit du merkst, dass du die Hände gar nicht brauchst. Ich glaube, dass er wahrscheinlich spinnt, natürlich brauche ich meine Hände, und ich kann bestimmt nicht loslassen, wenn ich kopfunter hänge. Er dreht mich auf den Kopf. Füße strecken, sagt er, oben festhalten und jetzt Hände loslassen. Ich glaube, das geht nicht, da ist doch mein Gewicht drauf, aber dann gebe ich mir einen Ruck und lasse los und hänge nur in den Fußschlaufen und hänge da, und es hält. Unfassbar.

Und was mich auch überrascht: Ich wollte es doch nur mal ausprobieren. So zum Spaß. Aber jetzt überlege ich tatsächlich, ob ich nächste Woche wiederkomme, denn es ist wirklich toll. Ich kann nicht mal sagen, was genau daran so toll ist – ich sehe den anderen zu, bei denen es so leicht und elegant aussieht, und eigentlich verspüre ich noch nicht mal den Hauch einer Ahnung, dass es sich irgendwann auch bei mir so leicht und elegant *anfühlen* könnte, und trotzdem will ich es wissen, ich würde gern wenigstens so weit kommen, dass ich einigermaßen allein rumkomme, allein den Schwung aufbringe oder die Traute, genug Schwung zu holen und genügend Körperspannung aufzubauen und ... ich erwische mich glatt dabei, kurz über Fitnessgeräte nachzudenken, mit denen ich mal fix ein paar Armmuskeln herbeizaubern könnte. Ich wette, wenn man regelmäßig im Rhönrad turnt, ist der komplette Körper trainiert. Bauch- und Rückenmuskulatur, Arme, Beine, man braucht sie alle.

Als wir uns hinterher die Schuhe ausziehen, merke ich, dass im Rhönrad nicht nur die Arme belastet sind, sondern auch die Füße. Sie sind rotgescheuert von den Schlaufen. Macht nichts. Mir zittern die Arme, mir brennen die Oberseiten der Füße, ich bin glücklich, und Maret strahlt.

Das alles passiert am Dienstag.

Am Mittwoch habe ich nur normalen Muskelkater. Schon ordentlich, aber nicht so schlimm wie erwartet. Am Donnerstag kann ich meinen linken Arm nicht mehr bewegen. Bis kurz unter Schulterhöhe geht es so gerade noch, unter Schmerzen, alles darüber und alle Bewegungen nach hinten sind schlechterdings unmöglich. Das war diese eine verdrehte Drehung, die war nicht gut. T-Shirt an- oder ausziehen, Pferdeschwanz machen, sogar den Arm in die Seite stemmen: Geht nicht. Ich habe Angst, dass tatsächlich etwas kaputtgegangen ist. Am Freitag ist es ein bisschen besser. Abends noch etwas besser. Am Samstag schicke ich Maret eine Mail, ob wir am Dienstag wieder hingehen.

Rabatzz

Das war eins der besten Geschenke des Jahres, zumindest hat es die größte Vorfreude ausgelöst: ein Besuch beim Ü-18-Abend im Indoorspielplatz Rabatzz! Tagsüber toben dort Kinder, einmal im Monat ist abends für Erwachsene geöffnet. Das ist unter anderem deswegen eine tolle Sache, weil ich es dem Weltgeist ein bisschen übelnehme, dass er die Hüpfburgen erst erfunden hat, als ich schon zu groß dafür war und nicht mehr reindurfte. Aber jetzt: Hüpfburg! Rutschen! Trampolin! Klettern! Jippie!

Um halb acht geht es los. Als wir um Viertel nach sieben ankommen, steht bereits eine erstaunliche Schlange vor der Tür. Die wollen alle spielen? Wahnsinn. Wir heben das Durchschnittsalter sichtbar, die meisten anderen sind schätzungsweise Mitte zwanzig.

Viele scheinen öfter herzukommen, sie werfen im Gehen ihre Schuhe ab, stellen sie in irgendein Regal und steuern dann zielstrebig auf bestimmte Spielgeräte zu. Wir hingegen sind alt und umständlich, wir setzen uns hin, um unsere Schuhe auszuziehen, stellen fest, dass wir für ein Schließfach am Eingang einen Schlüssel hätten holen müssen und so weiter. Dann müssen wir uns erst mal orientieren.

Ein Hochseilgarten zum Klettern auf drei Etagen. Unten kann man sich einfach so durchhangeln, oben wird man mit Gurtzeug gesichert, und es ist noch nicht geöffnet. Als Nächstes kommen wir an der Legoecke vorbei. Dort sitzen bereits drei Männer und bauen hochkonzentriert etwas aus überdimensionalen Schaumstoff-Legos. Ich hätte gedacht, das wäre etwas für später, wenn man sich müde getobt hat, aber diese Männer sind gerade erst angekommen und schnurstracks hierhergegangen. Um zu bauen. Mit weichen Riesenlegos.

Dann die Trampoline. Ich kann mich nicht beherrschen, eins ist noch frei, ich kann jetzt nicht tun, was meine Mutter mir beigebracht hat, nämlich: erst mal alles angucken, dann entscheiden, was man machen möchte. Ich will nicht erst gucken, ich will Trampolinspringen, und zwar sofort. Man spielt ja im Allgemeinen viel zu wenig, man hüpft und rutscht vor allem zu wenig, man tobt zu wenig in so einem normalen Erwachsenenleben. Wenn doch, dann hat man sich als Ausrede wahrscheinlich Kinder zu Hilfe genommen und tut so, als würde man nur ihnen zuliebe mithüpfen oder mitrutschen.

In Wahrheit macht Hüpfen einfach Spaß. Alle Trampoline sind besetzt, neben mir schlägt einer Salti, vorwärts, rückwärts, mehrfach hintereinander mit nur einmal Aufkommen dazwischen, sehr beeindruckend. Das würde ich auch gern machen, aber ich traue mich nicht. Aber woah, macht das Spaß! Die anderen warten, ich springe nicht allzu lange auf dem Trampolin, und ehrlich gesagt ist es auch anstrengend.

Die Musik wird immer lauter. Stumpfestmöglicher Kirmestechno, wir müssen uns schon anschreien, um uns zu verständigen, das nervt.

Schräg gegenüber ist die Rutsche. *Die* Rutsche. Deutschlands steilste Rutsche. Die Doppel-Freifall-Rutsche. Eine ist 5 Meter 30 hoch, die andere 7 Meter 30. Sieben Meter dreißig. Verdammt hoch. Und verdammt steil. Wir gucken eine Weile zu. Erwachsene Menschen kommen in einem Affentempo da runtergesaust, sie kreischen und donnern mit kaum gebremstem Schwung unten vor die Bande. Dann sagen sie «huiuiui» oder etwas in der Art und gehen noch mal hoch. Ich weiß nicht, traue ich mich das? Ich meine – *Freifall-Rutsche*, echt? Das ist doch Wahnsinn und ich keine 20 mehr.

Gerd traut sich. Die kleine. Nur 5 Meter 30 hoch. Nur. Er kommt angeschossen und sagt, das sei schon ganz schön, also, puh. Aber kann man machen. Aber hui.

Wir gehen erst mal weiter. Da ist sie! Die Hüpfburg! Nichts wie rein! Es ist noch relativ leer, wir springen herum, es ist erstaunlich anstrengend. Zumal ich ja gerade erst auf dem Trampolin war. In der Hüpfburg wachsen dicke Würste aus dem Boden nach oben, gegen die man sich werfen kann. Wer gerade auf der anderen Seite dahinter steht, fällt halt um, aber macht nichts, ist ja alles weich.

Schon etwas außer Atem, gehen wir weiter zur anderen Rutsche, der langen Wellenrutsche. Sieht super aus, wir nehmen uns Rutschmatten und steigen die Treppe hoch und rutschen alle nebeneinander her auf den langen Wellen nach unten. Das macht Spaß! Man rutscht ja überhaupt viel zu wenig. In Oldenburg, hörte ich, gibt es ein Kino, in dem man vom obersten Stockwerk aus nach unten rutschen kann. Hervorragende Idee, wieso gibt es so was nicht viel öfter? Ich möchte eine Bürgerinitiative für mehr Rutschen außerhalb von Spielplätzen gründen. Treppen sind doch langweilig, man könnte viel mehr mit Rutschen erledigen. In Kaufhäusern und Einkaufszentren zum Beispiel, Rolltreppe rauf, Rutsche runter. Wär ich sofort dafür.

Wir rutschen noch mal und noch mal, eine zwar recht lange und wellige, aber insgesamt doch nicht so irre spektakuläre Rutsche runter, weil es einfach Spaß macht. Alle, die unten ankommen, strahlen.

Und dann, als kleine Pause, ins Bällebad. Auch so was, wo ich noch nie war, gab es schon Bällebäder, als ich im Bällebadalter war? Ich kann mich nicht erinnern. Ich kann mich allerdings auch nicht erinnern, als Kind mit meinen Eltern bei Ikea gewesen zu sein. Bällebad ist lustig, wir krabbeln darin herum, werfen mit Bällen, werden mit Bällen beworfen und darunter begraben, es ist geradezu gemütlich. Wenn nur diese grässliche Musik nicht so laut bollern würde.

Die Musik wird unterbrochen von der Durchsage, dass der Hochseilgarten jetzt geöffnet würde. Maret und ich flitzen los, unsere Schuhe holen, dann stellen wir uns an. Maret, normalerweise eher unerschrocken, hat ein bisschen Angst und möchte nur auf die mittlere Etage, nicht auf die obere. Aber als wir endlich ein Gurtzeug umhaben, öffnet der nette junge Mann uns die Tür zum oberen Stockwerk, das mittlere ist voll. Ich war schon mal in einem Klettergarten im Wald, mich kann das obere Stockwerk in einer Halle nicht mehr schrecken, ich bin cool.

Außer, als ich auf dem ersten freischwingenden Holzbrett stehe und keine Ahnung habe, wie ich von da aus auf das zweite kommen soll, das ist ja viel zu weit weg. Und das, obwohl ich so groß bin und entsprechend lange Beine habe, wie sollen denn Kinder da rüberkommen? Ich schwinge ein bisschen, greife todesmutig nach dem Seil, an dem das zweite Brett hängt, setze dann auch einen Fuß drauf, hänge halb auf dem einen, halb auf dem anderen Brett … geschafft. Und dann noch eins. Und noch eins. Als ich auf der anderen Seite ankomme, steht Maret immer noch unschlüssig auf dem ersten Brett. Wie soll das denn gehen?, ruft sie. Meine Beine sind zu kurz, ich komm da nicht rüber! Doch, rufe ich zurück, das ist für Kinder gemacht, die haben noch viel kürzere Beine! Sie schafft es, wir klettern noch ein bisschen weiter, halten zwischendrin Ausschau nach den Männern, die irgendwie verschüttgegangen sind, sie sind nirgends zu sehen. Maret ist nicht so richtig glücklich mit der Kletterei, scheint's, wir halten uns nicht allzu lange dort auf.

Stattdessen gehen wir die Männer suchen, wir haben schon so eine Ahnung … und richtig, sie sitzen im Bistrobereich, der schlappe Haufen. Einer hat einen kaputten Arm, die beiden anderen sind einfach insgesamt ziemlich kaputt. Wir trinken ein Bier,

dann müssen wir dringend wieder klettern, diesmal im *Riesen-Spiel- und Kletterlabyrinth*. Wir kriechen durch weichgepolsterte Gänge, es geht rauf und runter, ein Gang ist mit dicken Gymnastikbällen verstopft, durch die man sich durchwurschteln muss, ansonsten muss man robben, kriechen, krabbeln, mal wird es enger, dann wieder sieht man gar nicht, wo und wie es weitergeht, weil es immer um die Ecke geht und etwas die Sicht versperrt. Aber irgendwann finden wir die Rutsche doch, mit der man aus dem Labyrinth wieder rausrutscht. Großer Spaß! Man sollte überhaupt viel mehr rutschen, aber womöglich wiederhole ich mich.

Wohin man guckt, sieht man strahlende Gesichter. Die Halle ist inzwischen rappelvoll, lauter erwachsene Menschen, manche gar nicht mal mehr so jung, und alle spielen und toben hemmungslos, manche rutschen ein ums andere Mal, andere klettern, hüpfen, bauen, fahren mit Elektroautos, und alle strahlen. Die coolen Jungs, die quietschigen Mädchen, die Tätowierten und Gepiercten, die Langhaarigen, die Braven, die Jungen, die Alten: Alle haben einen Riesenspaß und sind offensichtlich glücklich.

Wieder stehen wir vor Deutschlands steilster Rutsche und gucken eine Weile zu. Dann fassen wir uns ein Herz, Maret und ich, und klettern hoch, auf die kleinere, die *nur* 5 Meter 30 hohe. Ich weiß, ich darf oben nicht lange fackeln, nicht sitzen bleiben, runtergucken und überlegen. Ich muss die Beine über das Brett schwingen und losrutschen, ohne groß nachzudenken. Dass und wie es geht, habe ich ja jetzt oft genug gesehen. Also los, einen Ruck geben und … KREISCH! Man fällt wirklich, an der Rutsche entlang, dann fängt die Rundung einen auf, und man saust mit einem Affenzahn unten vor die Bande. Huiuiui. Aber geil. Gleich noch mal. Und noch mal. Und noch mal. Man sollte mehr rutschen, so im Leben.

Nach vier oder fünf Mal auf der kleinen Rutsche trauen wir uns auf die große. Wir wissen ja jetzt, wie es geht, die große ist halt nur noch ein bisschen höher, aber pfft. Stört keinen großen Geist. Beziehungsweise … ups. Lieber nicht runtergucken. Tief Luft holen und dann das bewährte Prinzip: Nicht lang fackeln, Beine über das Brett schwingen und los. KREEEIIIIISCH! *donner*

Du meine Güte, was war das denn, das war ja noch mal etwas völlig anderes als die kleine. Also, als die kleine steilste Rutsche Deutschlands. Die große hat zwei Meter mehr, aber was! für! ein! Adrenalinstoß! Mein Herz wummert wie verrückt, erstaunlich, was diese läppischen zwei Meter ausmachen. Selten in so kurzer Zeit so viel Adrenalin ausgeschüttet. Wow. Wahrscheinlich sollte man einfach mehr rutschen.

Darauf brauchen wir erst mal noch ein Bier. Die Musik nervt. Die versammelten Männer sind der Meinung, ich müsse Bullenreiten, schließlich hätte ich das in Wacken ja dann doch nicht mehr gemacht, und da haben sie zweifellos recht. Also kaufe ich einen Chip für einen Euro und stelle mich artig in der Schlange an. Der Bulle sieht toll aus, groß und mit schwarzem Fell bespannt, und das Wackelprogramm geht nicht vollautomatisch, sondern wird von einem schweigsamen Herrn an einem Schaltpult bedient. Ich steige auf, fühle mich noch einigermaßen cool, aber das Vieh ist ganz schön glatt. Da kann man sich unmöglich mit den Beinen dran festklammern. Und mit der Hand, da mache ich mir nichts vor, ist festhalten sowieso fast unmöglich, denn es gibt keinen Knauf oder so was, sondern nur ein zwanzig Zentimeter langes, dünnes Seil, mit Plastik ummantelt. Keine Chance, sich daran festzuhalten, wenn es ernsthaft ruckelt. Da rutscht man sofort mit der Hand ab.

Aber ich habe Glück, nach mir steht niemand mehr in der Schlange, und so lässt der junge Mann am Bedienpult mich eine Weile auf dem Bullen sitzen, stellt offenbar nur sanfte Bewegun-

gen ein, bis er mich schließlich mit Schmackes runterwirft. Zack!, liege ich auf der Matte.

Neben dem Bullenring steht ein Holzpferd. Es tut nichts, nichts daran bewegt sich, es ist nur ein Pferd aus Holz. Mit Sattel drauf. Man kann sich einfach draufsetzen. Man kann aber zum Beispiel auch von hinten aufspringen, ein bisschen Anlauf nehmen und dann wie beim Bockspringen die Hände hinten auf den Pferdehintern setzen, sich abdrücken, über die eigenen Hände hinwegfliegen und auf dem Sattel landen. Der Sattel geht hinten ganz schön hoch, es sieht aus, als könne man sich da schmerzhaft das Schambein anstoßen. Ich traue mich jedenfalls nicht, es zu versuchen.

Maret traut sich. Beim ersten Mal klappt es so mittelprächtig, sie versucht es gleich noch einmal, und da passiert es: Sie bekommt die Hände zwischen ihren eigenen Körper und die Sattelrückseite und knallt mit ungebremstem Schwung gegen ihre Hände beziehungsweise mit den Händen gegen den Sattel. Sah aus, als hätte es wehgetan. Maret steigt vom Pferd, sagt aua, lacht aber noch, guckt auf ihre Hände, wir alle gucken auf ihre Hände und können dabei zusehen, wie sie anschwellen, alle beide. In Sekundenschnelle werden beide Hände dick und bläulich, sehr imposant. Eine Angestellte ist dazugekommen, haben Sie was zum Kühlen, frage ich, Moment, ich hol was, sagt sie und rennt in die eine Richtung davon. Maret und Maximilian gehen in die andere Richtung weg, ich denke, vielleicht haben sie irgendwas im Rucksack. Die beiden haben kleine Kinder, und Eltern haben ja immer alles Mögliche dabei.

Die beiden bleiben verschwunden. Ich gehe mal gucken, wo sie sind, Marets Hände sahen wirklich nicht gut aus. Ich finde sie um die Ecke, an der Kletterwand, Maret liegt auf dem Boden, Maximilian hält ihr die Beine hoch. Die Angestellte kommt mit zwei Coolpacks, wir legen sie Maret auf die Hände. Ob sie einen Krankenwagen rufen soll, fragt die Angestellte. Neinnein, sagen wir, geht schon. Da verdreht Maret die Augen, ihre Hände rutschen irgendwohin, ihr Kopf sackt zur Seite, und sie ist weg. Ohnmächtig. Mit weit offenen Augen, reglos, nicht mehr ansprechbar, keinerlei Muskelspannung mehr, einfach komplett weg.

Doch, rufen wir der Angestellten hinterher, bitte doch den Krankenwagen! Schnell! Gleichzeitig schreien wir Maret an, was über die nervtötende Musik hinweg ein wenig albern ist, wir kühlen ihr den Puls, wir rufen, Maret, wach auf! Maret! Sie bleibt weg. In Filmen werden Leute in solchen Fällen kräftig geohrfeigt, wir trauen uns das nicht, wir kühlen und schreien sie an und sind ansonsten so hilflos, wie man es eben ist. Nach einer gefühlten Ewigkeit bewegt sie sich, blinzelt, dreht den Kopf, wacht auf, und ich weiß nicht, wann ich zuletzt so erleichtert war. War ich ohnmächtig, fragt sie. Kurz drauf treffen auch schon zwei ausgesprochen charmante Sanitäter ein. Sie gucken sich die Hände an, messen Marets Blutdruck, immer noch im Liegen, sprechen mit ihr, sprechen mit Maximilian, messen noch mal den Blutdruck, sagen Maret, sie soll die Hände mal bewegen und ob sie alle Finger einzeln bewegen kann. Alles funktioniert, Gott sei Dank. War nur der Schreck, Maret kennt das schon, Maximilian auch. Die Sanitäter messen schon wieder den Blutdruck, Marets Gesichtsfarbe ist irgendwo in der Nähe von Vanilleeis. Irgendwann setzen sie sie langsam auf und tragen sie dann raus, weg aus dem Kirmestechno und der schlechten Luft. Draußen sieht alles schon ein bisschen besser aus, wir beschließen, dass Maret nicht ins Krankenhaus muss, aber auch nicht mit dem Bus nach Hause fahren soll. Wir rufen ein Taxi.

Marets und Maximilians größte Sorge ist jetzt, dass die kleinen Söhne nur ja nicht rauskriegen, dass die Eltern auf einem riesigen Indoorspielplatz waren und am Ende ein richtiger Krankenwagen für Mama kam. Dann wären die Jungs sicher ernsthaft beleidigt. Wir anderen sind vor allem erleichtert, dass nichts Schlimmeres

passiert ist. Die Sanitäter erzählen übrigens, dass sie immer mal wieder ins Rabatzz gerufen werden, und dann fast immer für erwachsene Männer. Frauen tun sich selten was, Kinder sowieso nicht.

Ein paar Tage später bekommt Maret mit der Post Gutscheine für freien Eintritt bei einem Ü-18-Abend im Rabatzz. Als kleine Wiedergutmachung. Wie nett! Also, ich wär wieder dabei. Wir waren nämlich nicht an der Kletterwand und im Hochseilgarten nur viel zu kurz, und die Stelzen haben wir auch nicht ausprobiert, ich habe keine Ahnung, ob ich das noch kann. Zu wenig Trampolin gesprungen bin ich auch, außerdem hat die Bälledusche irgendwie nicht funktioniert, und überhaupt würde ich mit der ganzen Spielerei noch mal von vorne anfangen und alles noch mal machen. Rutschen vor allem. Man rutscht ja allgemein viel zu wenig.

Hermann Marwede

Wir waren eine knappe Woche auf Helgoland, meine Kollegin Maike und ich, zum arbeiten. Wir hatten beide reichlich zu tun, und etwas anderes als arbeiten kann man auf Helgoland auch nicht machen, eine Woche lang, so viel hat die Insel gar nicht zu bieten. Außer dass die ganze Zeit allerherrlichstes Wetter war, und wenn vor dem Fenster das Meer so blau glitzert und der Himmel so blau schimmert und überhaupt in alle Richtungen alles blau ist, dann muss man natürlich raus und in die Sonne und noch ein bisschen näher ans Wasser und Robben gucken und Vögel gucken und die naturkundliche Führung mitmachen und Trampolin springen und über Mauern klettern, auf denen «Betreten verboten» steht, und sich von der Gischt nass spritzen lassen und spazieren gehen und eine Bunkerführung machen und ins Aquarium gehen und … äh, genau: arbeiten. Ja, doch, wir haben wirklich gearbeitet! Und gar nicht mal so wenig geschafft. Gearbeitet und gleichzeitig erholt, super Aktion, das machen wir mal wieder.

Zum krönenden Abschluss dürfen wir auf der Heimfahrt *Sachen machen*, die man sonst nicht darf. Normalerweise mache ich ja Sachen, die jeder machen kann, diesmal haben wir ein echtes Journalistenprivileg: Wir fahren mit dem Seenotrettungskreuzer Hermann Marwede von Helgoland nach Cuxhaven zurück. Obwohl wir gar nicht schiffbrüchig sind!

Sonst ist auch niemand schiffbrüchig. Es ist nämlich spiegelglatte See, Wasser und Himmel schimmern genauso blau wie in den letzten Tagen auch schon. Wir sind von all dem Blau schon ganz dumm vor Glück, da ist es uns sogar egal, dass die Hermann Marwede schon morgens um sieben losfährt. Und zwar routine-

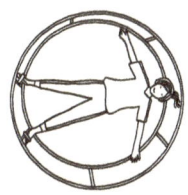

mäßig einmal in der Woche. Das Schiff (der größte deutsche Rettungskreuzer, 46 Meter lang) ist auf Helgoland stationiert, und es arbeiten acht Männer darauf, jeweils für zwei Wochen. Dann haben sie zwei Wochen frei. Jeden Dienstag fahren sie nach Cuxhaven, dort wird ein Teil der Mannschaft ausgetauscht, außerdem wird eingekauft. Trinkwasser zum Beispiel, denn das kostet auf Helgoland das Doppelte, weil erst Meerwasser entsalzt werden muss.

Also wecken wir morgens um halb sieben mit unseren Rollkoffern halb Helgoland, gehen zum Hafen und zur Hermann Marwede, wo schon alles abfahrbereit ist. Es ist ein bisschen zu früh für uns, wir können um die Uhrzeit noch nicht richtig denken, geschweige denn sprechen. Die Männer an Bord sind norddeutsche Seeleute; auch nicht gerade große Redner. Alle sagen artig *Moin* und beschäftigen sich dann mit dem, womit sie eben so beschäftigt sind: Gangway reinholen, Leinen los, Ablegemanöver.

Wir stehen ein bisschen unsicher an Deck und wissen erst mal nicht recht. Wir schauen zurück auf Helgoland und aufs Wasser und murmeln leise *Tschüs, alter Felsbrocken.* Neben der Düne geht die Sonne auf, am Himmel wird Schwarz zu Blau, es ist wunderschön. Fast könnte man denken, am frühen Aufstehen sei doch nicht alles schlecht, denn so ein Licht gibt es wohl wirklich nur frühmorgens.

Dann taucht Tim auf. Ich weiß nicht, ob er sich freiwillig erbarmt oder ob er den Auftrag hat, sich um uns zu kümmern, jedenfalls ist er sehr nett. Auch die anderen sind durchaus freundlich, aber eben schweigsam. Von Tim erfahren wir, dass an Bord immer einige Festangestellte und von Zeit zu Zeit ein Freiwilliger arbeiten. Tim ist Freiwilliger; eigentlich ist er Feuerwehrmann irgendwo im Ruhrgebiet und kommt aus der Binnenschifffahrt. Jetzt war er eine Woche als Freiwilliger auf der Hermann Marwede.

Was sie denn da eigentlich den ganzen Tag machen, fragen wir. Es ist ja nicht dauernd jemand zu retten. Das Schiff in Schuss halten, ist die Antwort. Putzen, Gerätschaften warten, reparieren, sich selbst fit halten, Manöver und Übungen machen, den Ernstfall proben. Einen echten Ernstfall hat es in seiner Woche allerdings nicht gegeben, niemand hat Schiffbruch erlitten, und auch sonst war nichts. Tim klingt fast ein bisschen enttäuscht, andererseits ist es natürlich gut, wenn nichts passiert. Es kann nur sein, dass die Moral der Mannschaft ein wenig sinkt, wenn zu lange nichts zu tun ist. Aber sobald dann wieder mal alle zusammenarbeiten und funktionieren müssen, ist es wieder gut.

Tim führt uns auf dem Schiff herum. Vierhundert Leute kann die Hermann Marwede an Bord nehmen. Wie bitte? Wo sollen die denn alle hin? Schwer vorstellbar. Wir gehen in einen Raum mittschiffs, in dem überraschenderweise eine Reihe Fitnessgeräte steht. Wahrscheinlich alle zusammenklapp- und schnellstens irgendwo verstaubar. Und in den Raum sollen 400 Leute passen? Na ja, sagt Tim, das ist dann schon eng. Ein paar können sogar liegen, an den Wänden entlang sind halbhohe Schränke in einer Breite, dass man eine Trage obendrauf legen kann. Drumherum ist eine kleine Reling, sodass die Verletzten nicht runterfallen. Ich nehme an, dass die Schlafräume der Mannschaft in einem solchen Fall ebenfalls mitbenutzt werden. Da können wir aber nicht hin, wir bekommen die Mannschaftsräume nicht zu sehen, denn da liegt ein Kollege und schläft. Er hatte Nachtwache, einer muss ja immer am Funkgerät sitzen, falls ein Notruf kommt.

Neben diesem großen, weitgehend leeren Raum liegt das sogenannte Hospital. Hospital ist ein großes Wort, es handelt sich um ein kleines Zimmer mit einem Behandlungstisch in der Mitte und wieder der Möglichkeit, an den Rändern weitere Verletzte hinzulegen. Ob denn immer ein Arzt an Bord sei, frage ich verwundert. Nein, kein Arzt. Aber die meisten Besatzungsmitglieder sind aus-

gebildete Rettungssanitäter oder -assistenten. Was sie an Bord am öftesten zu behandeln haben, sind entweder Unterkühlungen, dafür haben sie natürlich reichlich Wärmedecken an Bord, oder Traumata – nämlich dann, wenn beispielsweise jemand in einer Fähre die Treppe runterfällt. Was bei etwas Seegang durchaus vorkommen kann.

Es gehen ja nicht dauernd Schiffe unter. So ein Schiffbruch mit 400 Personen kommt ungefähr überhaupt nicht vor. Wenn mal wirklich ein Schiff in Seenot gerät, dann sind das meistens Privatyachten, deren Besitzer sich selbst über- und das Meer unterschätzt haben. Oder die einen Motorschaden haben. Also, die Yachten jetzt, nicht die Besitzer.

Ansonsten wird die Hermann Marwede auch für Krankentransporte eingesetzt. Beispielsweise wenn auf einem anderen Schiff jemand so krank wird, dass er von Bord geholt werden muss, oder wenn jemand nicht mehr im Helgoländer Krankenhaus behandelt werden kann, sondern aufs Festland gebracht werden muss. Das wird dann als ganz normaler Krankentransport mit der Kasse abgerechnet – etwas teurer als eine Krankenwagenfahrt ist es natürlich schon.

Wir gehen auf die Brücke, die ziemlich weit oben ist, damit man auch bei hohem Seegang noch so weit wie möglich gucken kann. Der Vormann (so wird der Kapitän genannt) und sein Stellvertreter begrüßen uns, aber auch sie sind offenbar keine großen Redner. Sie schauen konzentriert geradeaus aufs Wasser, Tim erklärt uns derweil ein paar technische Einrichtungen. Besonders beeindruckend: das AIS, das *Automatic Identification System*, das alle Schiffe ab 20 Meter Länge haben müssen. Das sendet Informationen über das jeweilige Schiff aus, und die Schiffe, die gerade in der Nähe sind, empfangen diese Signale. Auf einem Monitor wird dann angezeigt, wo welches Schiff sich gerade befindet, wie groß es ist, wie weit entfernt, wie schnell es fährt, in welche Richtung und so weiter. Wir sehen, dass sich querab von uns die Osaka Express befindet und dass sie dort ankert. Sehr imposant. Außerdem wird sie so schön von der Sonne angestrahlt.

Draußen ist immer noch so tolles Licht. Es ist jetzt richtig hell, das Dunkelblau ist zu Knallblau geworden, die Morgensonne bescheint die Schiffe, die wie an einer Schnur aufgereiht von der Elbe Richtung Verkehrstrennungsgebiet fahren oder umgekehrt. Zwischendrin, abseits der Reihe großer Frachtschiffe, ein paar kleine Fischkutter. Wir gehen wieder raus, an Deck, und betrachten die riesigen Löschkanonen. Wenn ein Schiff brennt, können sie es mit bis zu 60 000 Liter Wasser pro Minute löschen. Sechzigtausend Liter pro Minute! Vollkommen irre.

Hinten auf der Hermann Marwede liegt das Tochterboot Verena. Es ist knapp 10 Meter lang und kann bei Bedarf schnell zu Wasser gelassen werden, um beispielsweise im Wasser treibende Personen an Bord zu nehmen. Notfalls können die auch direkt aus dem Wasser in die Hermann Marwede geborgen werden, es gibt hinten zwei große Türen, die auf Wasserhöhe hinausgehen, sodass man dort schnell Menschen aufnehmen kann. Ich schlage vor, Maike und ich könnten ins Wasser springen, damit hier mal ein bisschen Action ist und sie uns schön wieder rausfischen können, aber der Vorschlag kommt irgendwie nicht so richtig gut an.

Kurz bevor wir in Cuxhaven einlaufen, tauen die schweigsamen Seemänner dann doch noch ein bisschen auf und fragen nach, wer wir eigentlich sind und was wir schreiben. Stellt sich raus: lauter nette Menschen. Und wer erstens morgens nicht spricht und zweitens zur See fährt, hat sowieso meine Sympathie. Nach etwas mehr als zwei Stunden sind wir in Cuxhaven – viel zu schnell! Und fast ein bisschen zu undramatisch. Was für eine herrliche Überfahrt, was für ein Licht, was für ein Blau! Wir hätten noch

Stunden an Deck stehen und ins Blau gucken und *hach* seufzen können. Am liebsten würden wir einfach wieder mit zurückfahren. Geht aber leider nicht.

Was mir überhaupt nicht klar war: Die Deutsche Gesellschaft zur Rettung Schiffbrüchiger finanziert sich ausschließlich aus Spenden. Sie verzichtet bewusst auf staatliche Zuwendungen, um sich ihre Unabhängigkeit zu bewahren. Das finde ich wirklich bemerkenswert, sie finanzieren damit ein Netz von 61 Seenotkreuzern und Seenotrettungsbooten an der deutschen Nord- und Ostseeküste mit ich weiß nicht wie viel Mann Besatzung. Nur durch Spenden! Wenn ich es recht bedenke: Das ist nicht nur bemerkens-, sondern bewunderns- und unterstützenswert. Spendenkonto: Sparkasse Bremen (BLZ 290 501 01), Konto-Nr. 1 072 016. Mal so als Anregung. Alles Weitere unter www.dgzrs. de. Ehrlich, wenn man da draußen in Not gerät, dann ist das kein Spaß. Dann ist man heilfroh, wenn die Hermann Marwede oder ein anderes vertrauenerweckendes Schiff kommt und einen birgt. Man kann über die Webseite auch hübsche Merchandising-Artikel erwerben, ich habe mir gleich die Seenotrettermütze gekauft. So eine Dienstmütze kann man immer brauchen. Wobei es an Bord gar keine Frauen gibt, und Tim meint, das sei auch richtig so. Meine Reflexe springen kurz an, da sagt er: Oder kannst du mich tragen?

– Ähm, nein.

– Siehst du, ich dich schon.

Gut zu wissen.

Dr. Fisch

Wir sind für ein paar Tage in Manchester, drei volle Tage sind wir schon durch die Stadt gelaufen, von früh bis spät. Heute sind wir nach Liverpool gefahren, das ist ja nicht weit weg. Wir waren im Beatlesmuseum, haben vorher eine volle Stunde lang in der Schlange gestanden, glücklicherweise hat es just in dieser Stunde mal nicht geregnet, dann waren wir etwas mehr als zwei Stunden im Museum, mir tun die Füße weh. So viel Rumlaufen sind sie nicht gewohnt.

Eben fängt es wieder an zu nieseln, es ist kalt und windig, England gibt sich wirklich alle Mühe, die gängigen Wetterklischees zu erfüllen. Wir haben Hunger, wir wollen etwas essen, laufen durchs Albert Dock Richtung Tate Liverpool, ein bisschen erschöpft und ein bisschen verfroren. Da sehe ich aus dem Augenwinkel in einem Laden zwei Damen auf einer gepolsterten Bank sitzen, die Füße in einem Wasserbecken, und auf dem Fenster steht in großen Lettern: *Dr. Fish.*

Fisch-Pediküre! Nicht in einem superschicken Wellnesstempel, sondern in einem nicht besonders herausgeputzten, aber sauberen und ordentlichen Ladengeschäft mit Laufkundschaft. Zehn Pfund für eine Viertelstunde, ich gehe hinein und frage nach und erfahre, dass ich das sofort machen kann, auch ohne Termin, kein Problem. Ich fackle nicht lange. Fischpediküre reizt mich schon, seit ich das erste Mal davon las, und im Moment ist die Vorstellung, mich kurz mal hinzusetzen und ein Fußbad zu nehmen, wirklich verlockend.

[Exkurs. Als wir uns in Rom die Füße plattgelaufen haben, schrieb ich in mein Blog:

Geschäftsidee
Fußbad- und -massagestationen an touristisch relevanten Punkten. Zehn Minuten Fußbad 5,– €, zwanzig Minuten Fußmassage (nur in Kombination mit vorherigem Bad) 15,– €. Braucht nichts besonders Aufwendiges oder Schickes zu sein, eine einfache Waschschüssel und einfaches Duschgel oder Seife, meinetwegen sogar Papierhandtücher zum Abtrocknen. Man braucht auch keine Einzelkabinen, es kann ja sogar unter freiem Himmel stattfinden, Hauptsache, es ist fließend warmes Wasser vorhanden. Vielleicht ein bequemer Liegestuhl, das wäre schön. Einfache Creme oder Öl für die Massage. Daneben ein Verkaufsstand mit frischen Socken. Ich wär sofort dabei, wahrscheinlich hätte ich mir das täglich gegönnt. Am Forum Romanum, am Petersdom, an der Piazza del Popolo, da laufen doch überall Erschöpfte mit wehen Füßen herum, die schon den ganzen Tag herumlaufen. So was müsste doch auch lukrativer sein als diese schäbigen Regenschirme, Sonnenbrillen, Fake-Designertaschen und Glibberspielzeuge, die da von Straßenhändlern in großen Mengen verkauft werden.

Exkurs Ende]

Bei der Fischpediküre knabbern einem kleine Fische, die Kangal-Fische, die Hornhaut von den Füßen, Hautschuppen, abgestorbene Zellen und so weiter. Beziehungsweise, erklärt mir die zuständige Dame, sie knabbern nicht, sie haben angeblich gar keine Zähne, sie saugen vielmehr. Und es würde ein bisschen kribbeln, nicht wehtun, ich solle keine Angst haben.

Ich habe gar keine Angst, sondern bin sehr gespannt. Die Fische werden auch zur Behandlung von Hautkrankheiten eingesetzt, Psoriasis, Neurodermitis, Akne, das knabbern sie einem alles weg. Oder so. Dann heißt die Sache natürlich nicht mehr Fischiküre, sondern Ichthyotherapie, das klingt doch gleich noch gesünder. (Und *Fischiküre* habe ich mir sowieso gerade ausgedacht.)

Ich muss einen Zettel ausfüllen und unterschreiben. Dann werde ich gefragt, ob ich lackierte Zehennägel oder Bodylotion auf den Füßen habe, ich kremple mir die Hosenbeine hoch und darf mir in einem winzigen Eimer die plattgelaufenen Füße waschen. Die Ladenbesitzerin inspiziert meine Füße, alles in Ordnung, ich darf sie in das Fischbecken tauchen. Nicht auf den Boden stellen (um die Fische nicht zu zertreten, nehme ich an) – die Sitzbank ist auch so hoch, dass man die Füße nur ins Becken hängen kann.

Wo sich sofort ungefähr 40 kleine Fischchen geradezu gierig auf meine Füße stürzen, sich alle gleichzeitig daran festsaugen und mir den Lachanfall des Jahres bescheren. Es kitzelt irrsinnig, aber ich kann ja meine Füße nicht einfach ruckartig wieder rausziehen oder wild herumstrampeln, was jetzt vom Gefühl her die normalste und angemessenste Reaktion wäre, aber das sind ja lebende Fische da drin, da kann man nicht zappeln. Ich bemühe mich, Füße und Beine halbwegs still zu halten, aber meine ganze obere Hälfte lacht und kichert und giggelt, ich kann gar nicht mehr aufhören, laut zu lachen. Ich weiß sonst nicht, wohin mit dem Fußgekribbel, irgendwie muss ich das ja abreagieren. Also lache ich und lache und lache.

Die beiden Angestellten lachen nicht mit. Sie sagen, ich würde mich gleich an das Gefühl gewöhnen, und dann würde es nicht mehr so kitzeln. Die beiden älteren Ladys, die mir gegenüber gerade ihre Füße ins Wasser tauchen, müssen auch nicht so lachen. Ich lache allein, und ich kann nicht aufhören. Himmel, kribbelt das.

Wenn die Fische sich so festsaugen – ob sie Knutschflecken hinterlassen? Der Gedanke macht nicht gerade, dass ich aufhöre zu kichern. Fischknutschflecken an den Füßen. Gnihihi.

Eine Horde Schulmädchen stürmt den Laden. Sie gucken sich um, kichern, zeigen auf die Fische, quietschen. Endlich kichere ich nicht mehr allein. Immerhin muss ich schon nicht mehr schallend lachen, gnicker.

Ich wusste gar nicht, dass ich an den Füßen so kitzlig bin. Ich wusste auch nicht, dass gekitzelt werden so lustig sein kann. Normalweise bin ich überall anders kitzlig, aber nicht an den Füßen. Und es macht mich total wütend, wenn ich gekitzelt werde, ich kann das wirklich, wirklich nicht leiden und werde richtig ernsthaft böse. Gnihihi. Und jetzt ist das plötzlich total lustig, wie das kitzelt! So kleinen Fischen kann man ja eh nicht böse sein.

Ich spreize die Zehen ein bisschen, zack, sind Fische dazwischen, Hilfe! Die sollen da wieder weggehen! Ich will sie ja nicht zerquetschen, aber ich kann die Zehen auch nicht die ganze Zeit gespreizt halten. Ich bewege die Füße ein bisschen, die Fische gehen aus den Zwischenräumen weg, Glück gehabt. Keinen zerquetscht.

Gnihihi. Die Schulmädchen sind verschwunden, die beiden Ladys auf der anderen Seite des Raumes unterhalten sich leise, wieso kichern die nicht? «Meine» Fische sammeln sich gerade zum großen Teil an derselben Stelle an meinem rechten Fuß, ich muss schon wieder fürchterlich lachen, das kitzelt vielleicht! Außerdem fühlt es sich komisch an, die Einzige im Raum zu sein, die die ganze Zeit lachen muss. Hihi.

Ich frage die Angestellte, ob die Fische sich ausschließlich von Füßen ernähren. Sie sagt nein, sie bekommen abends auch noch Algen. Ob das eine ausgewogene Ernährung für so einen Kangal-Fisch ist? Füße und Algen? Gnihihi. Und überhaupt: Was für ein Leben führen die da eigentlich? In den Becken ist nichts weiter drin. Wasser, Fische, Füße. Keine Pflanzen oder irgendwas, was Fische sonst so um sich herum haben, kein gar nichts. Die beiden Angestellten sind aber nicht besonders gesprächig, ich frage nicht weiter. Außerdem muss ich kichern. Die Fische finden das möglicherweise gar nicht so lustig, ich hingegen finde gerade alles lustig, und außerdem kitzelt es.

Nach einer Viertelstunde klingelt ein Wecker, ich nehme langsam die Füße aus dem Wasser und den Fischen damit das Essen weg. Auch nicht nett. Meine Füße werden abgetrocknet – jetzt hätte ich gern noch, dass sie massiert und mit duftenden Ölen gesalbt werden. Stattdessen muss ich meine ollen Muffsocken und die bequemen Schuhe wieder anziehen, ohne genügend überprüfen zu können, ob sich denn an meinen Füßen irgendetwas verändert hat. Sieht erst mal nicht so aus. Aber angenehm ist so ein viertelstündiges Fußbad natürlich sowieso, wenn man seit Tagen herumläuft. Und für die Laune kann das tollste Lachyoga nicht besser sein, als von Fischen durchgekitzelt zu werden.

Die ausführlichere Fußüberprüfung abends im Hotel ergibt keine sichtbare Veränderung. Allerdings: Was hätte sich auch groß verändern sollen, so viel tote Haut habe ich nun nicht an den Füßen, dass man den Unterschied gleich sehen würde. Aber für den Lachanfall hat es sich auf jeden Fall gelohnt.

Tiere rennen im Kreis

Manchester.

To the *dogs*?, werden wir ungläubig gefragt, wenn wir sagen, dass wir zum Hunderennen wollen. Die Rezeptionistin im Hotel, der Tischnachbar im Pub, die Dame in der Touristen-Info, der Friseur, bei dem der Mann nachmittags sitzt – alle gucken uns an, als wären wir nicht ganz dicht. Doch, ja, wir wollen zum Hunderennen. Das scheint irgendwie … anrüchig zu sein oder so. Wir rechtfertigen uns mit der Behauptung, das gebe es in Deutschland nicht, sind aber gar nicht sicher, ob das wirklich stimmt. (Das Internet weiß es: Stimmt, Hunderennen sind in Deutschland verboten. Aus Gründen.)

Vor dem Stadion spricht uns ein zwielichtiger Typ an, ob wir so eine Karte kaufen wollen, kostet nur zehn Pfund, und da sind die 6,50 Pfund Eintritt drin enthalten, ein Getränk und noch irgendwas, eine Wette oder so, insgesamt sei das fünfzehn Pfund wert und würde nur zehn kosten. Schnäppchen! Och nee, sagen wir, lassma. Axel fällt nämlich gerade ein, dass auf dem Stadtplan von der Touristeninformation, den wir dabeihaben, ein Gutschein abgedruckt ist für freien Eintritt und ein Getränk im Greyhound Stadium.

Wir sehen uns erst mal um. Niedrige Decken, Teppichboden, alles etwas runtergerockt. Die Briten und ihre Teppichböden, auch so ein Thema. Manchmal liegt sogar in Kneipentoiletten Teppichboden. Dieser hier ist besonders räudig, nicht sehr appetitlich, aber es ist ja auch nur der Fußboden. Wir betreten eine Bar, hinten geht es wieder raus: Da ist die Rennbahn. Eine Rennbahn wie eine Menschen- oder Pferderennbahn, oval, in der Mitte eine Rasenfläche, die Bahn ist beleuchtet, denn es ist schon dunkel. Um die Bahn herum flitzt in einer Schiene so ein Windbeutel, wie es sie in größer und rot-weiß gestreift manchmal an Brücken gibt. Ich hatte mich schon gefragt, wie man die Hunde dazu bringt, im Kreis zu rennen – der Jagdtrieb also, sie werden diesem Ding hinterherrennen.

Neben dem Geläuf haben ein paar Buchmacher kleine Stände aufgebaut. Auf Tafeln stehen handschriftlich die Namen der Hunde im ersten Rennen, dahinter befindet sich ein Computer, geschützt in einem Kasten. Unter der Tafel hängt eine große Tasche mit dem Logo des jeweiligen Buchmachers drauf, darin ist das Geld.

Wir sprechen einen an und bitten ihn, uns erst mal zu erklären, wie das alles geht mit der Wetterei. Der Mann ist sehr freundlich und erklärt uns alles in breitem *Mancunian*. Wir verstehen nicht alles, aber doch so viel: Der Mindest-Einsatz für eine Wette beträgt zwei Pfund. Man kann einfach auf den Sieger wetten, alles andere wird komplizierter. Ich wette gleich mal zwei Pfund auf Lakeland Lass. Mit so einem hübschen Namen kann doch gar nichts schiefgehen, das ist ja offensichtlich.

Die Hunde werden aus ihren Zwingern geholt und einmal vor dem Publikum auf und ab geführt. Aha, okay – beim nächsten Rennen könnte man also glatt *noch* kompetenter wetten, wenn man sich die Hunde erst anguckt und dann nach einer Mischung aus Augenschein und Schönheit des Namens entscheidet. Insgesamt wird es 13 Rennen geben. Je sechs Hunde laufen etwas mehr als eine Runde, 470 Meter; in zwei Rennen laufen sie 590 Meter.

So ein Windhund im Allgemeinen, und der englische Greyhound im Besonderen, ist ja nicht so richtig schön. Um nicht zu sagen: geradezu hässlich. Was natürlich nur mein Privatgeschmack

ist, aber ich finde sie irgendwie falsch proportioniert, viel zu dünn, und mit diesem abfallenden Hinterteil und dem zwischen die Beine gesteckten Schwanz haben sie auch noch so etwas Verklemmtes. Sie sind nervös und tragen Maulkörbe. Irgendwie hat das hier nichts mit der üblichen britischen Hundeverrücktheit zu tun, das hier ist etwas anderes. Das ist ein Geschäft, und ein Teil der Leute, die um die Wettstände herumstehen, ist auch nicht zum Spaß hier, sondern ebenso nervös wie die Hunde. Sie verstecken es nur ein bisschen besser.

Die sechs Hunde werden in Startkäfige gesperrt, wie beim Galopprennen. Eine Frau geht kurz vor diese Käfige, schwenkt eine Fahne, tritt beiseite, von hinten kommt der Windbeutel angesaust, die Türen fliegen auf, die Hunde kommen heraus und … woah. Sie rennen tatsächlich wie der Wind. Wahnsinnstempo. Sie sausen eine Runde um die Bahn, wieder an uns vorbei und schräg vor uns durchs Ziel – keine Ahnung, welcher Hund gewonnen hat, sie waren viel zu schnell, als dass wir es hätten sehen können. Die Hunde laufen die 470 Meter, wenn sie schnell sind, in 28 Sekunden, hat der Buchmacher gesagt. Übern Daumen gepeilt, sagen wir 500 Meter in 30 Sekunden, also 1 Kilometer in 1 Minute, macht das 60 Stundenkilometer. Das verteilt sich aber auf eine Runde, erst mal müssen sie ja losrennen, das heißt, die Spitzengeschwindigkeit muss … kann das sein? Google sagt, ja: So ein Windhund kann bis zu 80 Stundenkilometer erreichen. 80 Stundenkilometer! Unfassbar.

Die Anzeigetafel sagt, Lakeland Lass war Fünfte. Och, Mensch. Mädchen, du hast mich enttäuscht. Hätte sie gewonnen, hätte ich acht Pfund bekommen. So habe ich halt zwei verloren, nun ja.

Axel verkündet, mir jetzt mal zu zeigen, wie das geht, das mit dem Wetten. Man müsse, sagt er, sich erst die Hunde ansehen und dann die Quoten. Und dann natürlich trotzdem auf den schönsten Namen setzen, logisch. Er wettet zwei Pfund auf Quernhow

Lisa. Ich fotografiere den Start; allerdings löst meine Kamera erst aus, als die Hunde schon an mir vorbei sind. Die sind aber auch wirklich schnell. Als sie ins Ziel kommen, drücke ich etwas früher auf den Auslöser, diesmal zu früh, die Kamera löst sofort aus, es ist wieder nur die leere Rennbahn drauf. Und Axel hätte mal besser auf mich gehört und auf Flippant Freddie gesetzt, denn, ich meine: Quernhow Lisa, also wirklich, wie das schon klingt. Das konnte ja nichts werden.

Zweimal verloren also, darauf brauchen wir erst mal ein Bier. Wir gehen rein und ins obere Stockwerk, wo sich größere Wettschalter, Wettautomaten, eine Fastfood-Ecke und ein Restaurant befinden. Außerdem gibt es große Tribünen mit Tischen und Stühlen. Im Warmen. Auf Teppichboden. Wir setzen uns hin, trinken unseren Cider und können die nächsten paar Rennen von oben aus ein bisschen besser sehen, weil man einen besseren Überblick hat.

Aber näher dran ist man draußen, also gehen wir nach dem Bier wieder raus und wetten in bewährter Manier immer schön zwei Pfund auf den Sieger, alle anderen Wettmöglichkeiten sind uns zu kompliziert. Allerdings wetten wir jetzt beide, das heißt, zu zweit haben wir schon ein Drittel der Hunde pro Rennen abgedeckt. Wir wetten auf Swift Bedington und auf Firecracker Jim, auf Fargo Erntets und Jenny Sad Eyes, auf Dun Danni und Klup, auf Whipidiwhip und Jaybee Special, wir geben alles, wir machen dumme Sprüche, wir gucken uns die Hunde an und die Quoten und die Namen, wir tun so fachmännisch, wie wir können, inzwischen vergeben wir auch schon Sympathiepunkte für die Namen der Besitzer, wir setzen auf Favoriten und auf Außenseiter, wir feuern unsere Hunde an, wir sagen den anderen Hunden, dass sie scheiße aussehen und ihre Mudda auch schon scheiße aussah (allerdings leise und auf Deutsch, *just in case*), wir drücken Daumen und schreien, und ich fotografiere noch ungefähr zwölfmal an den

Hunden vorbei die leere Rennbahn, es nutzt alles nichts: Wir verlieren jedes Mal.

Als wir die zwanzig Pfund, die wir uns als Wetteinsatz vorgenommen hatten, komplett verspielt haben, ohne einen einzigen, auch noch so kleinen Gewinn, sind wir außerdem ganz schön durchgefroren. Wir haben zehn Rennen gesehen, und jetzt reicht es auch – die letzten drei Rennen sparen wir uns.

Zu Hause lese ich, dass diese Hunde in großen Rennställen in Käfigen gehalten werden, stets einen Maulkorb tragen, außer zum Fressen, und wenn sie nicht (mehr) schnell genug sind, werden sie entweder gleich getötet oder nach Spanien oder Korea verkauft, wo sie noch eine Weile rennen müssen und dann getötet werden.

Ein Hundeleben.

*

Zwei Wochen später ergibt es sich zufällig, dass wir in Hamburg zum Trabrennen gehen. Diesmal sind wir besser gerüstet, wir haben Jan dabei, der uns erklärt, wie das mit den Wetten funktioniert, wenn man nicht immer nur einfach auf den Sieger setzen will. Außerdem erklärt er uns, dass es verschieden gute Startpositionen gibt und die Rennen überhaupt eher «eine Art Schachspiel» seien und es sehr viel mit Taktik zu tun habe. Wir sind zu fünft, Jan füllt fachmännisch einen Wettschein aus, wir anderen kichern rum, fragen noch mal nach, verstehen nicht, was und wo und was der Unterschied zwischen einem Zweier und einem Platz-Zwilling ist und wie wir jetzt wo was ankreuzen sollen, und dann ist es schon eine Minute vor Rennbeginn, und wir laufen schnell zum Schalter und geben unsere Zettel ab. Wir haben zusammengeschmissen und beschlossen, im Laufe des Tages gemeinsam 100 Euro zu verwetten. Jeder hat ein paar Scheine mit kleinen Wetteinsätzen ausgefüllt, irgendeiner gewinnt auch was, ich weiß es nicht mehr.

Beim Trabrennen wird meist hinter einem Auto gestartet (es gibt auch sogenannte Bänderstarts, aber heute nicht): das Auto hat ausklappbare Flügel rechts und links, an denen die Pferde nicht vorbeikommen. Es fährt vorweg, die Pferde laufen hinterher, zunächst noch etwas ungeordnet, aber dann reihen sie sich nach und nach in der Startplatzordnung auf, die ganze Sache wird schneller, und plötzlich sagt der Stadionsprecher durch, dass das Rennen jetzt gestartet ist. Das Auto ist also irgendwo auf der gegenüberliegenden Seite über die Startlinie gefahren, beschleunigt dann stark, klappt die Flügel ein und fährt seitlich weg, und die Pferde sind allein auf dem Geläuf. Und kommen im Zweifelsfall nicht aneinander vorbei; so ein Sulky ist schon ein bisschen sperriger, da muss man gucken, wann und wo und wie man überholt.

Nach zwei oder drei Rennen stellen wir fest: Es ist tatsächlich nicht ganz doof, auf die Favoriten zu setzen. Die sind eindeutig mit Grund die Favoriten und haben wahrscheinlich auch die besseren Startplätze. Freundlicherweise steht im Rennprogramm schon drin, welchem Pferd man welche Chancen zutraut, außerdem hat Jan von einem Kenner noch eine Liste bekommen, wie er die Pferde jeweils einschätzt. Danach setzen wir also, außerdem nach Schönheit der Namen, logisch.

Irgendwann lassen Jan und ich die anderen weiterwetten und gehen hintenrum auf die andere Seite der Bahn, zu den Ställen. Wo man erstaunlicherweise einfach hingehen kann, man kann dort direkt an die Rennbahn, an die Stelle, an der auch die Pferde auf die Bahn kommen. Dann wird das Tor aufgemacht, alle beiseite gescheucht, Pferde rein, Tor wieder zu, Leute wieder ans Tor zum Gucken. Wenn man nur die Rennen sehen, aber nicht wetten

möchte, ist das super. Außer dass dann die Ziellinie auf der anderen Seite liegt und fast nicht zu sehen ist.

Tatsächlich kann man sogar einfach in die Ställe marschieren. Vielleicht auch nur, weil wir Presseschildchen um den Hals haben, aber da guckt keiner wirklich hin, wir gehen einfach rein. Ich lerne Unforgettable kennen, ein Pferd, auf das ich gesetzt habe, das aber nicht gewonnen hat. Er kommt ganz nah an die Gitterstäbe und lässt sich streicheln. Niemand ist da, niemand hat etwas dagegen. Erstaunlich.

Zwei Ställe weiter treffen wir auf Independence, der gerade für das nächste Rennen fertig gemacht wird, und seinen Fahrer Andreas Gläser. Von ihm erfahren wir, dass Trabrennfahrer tatsächlich ein Ausbildungsberuf ist (beziehungsweise eine Spezialrichtung in der Ausbildung zum Pferdewirt). Ein Berufsfahrer fährt im Jahr bis zu 300 Rennen, ein Pferd läuft vielleicht fünfzehnmal im Jahr. Also etwas mehr als einmal im Monat. Den Rest der Zeit wird es trainiert und betüddelt, es wird ein ziemlicher Aufwand betrieben, um die Tiere gesund und fit und zufrieden zu halten. Wenn ein Pferd nicht zufrieden ist, wird es auch nicht gut laufen. Und immerhin geht es um eine Menge Geld, die Pferde sind teuer und sollen auch Geld reinholen. Ob man deswegen allerdings davon ausgehen kann, dass es den Tieren wirklich gutgeht, sei einmal dahingestellt. Das Gewicht des Fahrers spielt übrigens gar keine Rolle, sagt Andreas Gläser; anders als beim Galopprennen sitzt er ja nicht auf dem Pferd, und die Sulkys sind so leichtgängig, dass das Gewicht des Fahrers keinen großen Einfluss hat. Andreas Gläser ist kein besonders zierlicher Typ, als Jockey würde er sicher nicht durchgehen.

Das Rennen rückt näher, Independence läuft im Großen Preis von Deutschland, dem wichtigsten Rennen des Tages. Wir verabschieden uns, gehen aus dem Stall und rufen sofort die Freunde auf der anderen Seite der Bahn an: Unbedingt auf die Fünf wetten! Independence! Superschönes Pferd, total netter Fahrer! Dann fällt uns ein, dass wir Andreas Gläser alles Mögliche gefragt haben, nur nicht, ob er meint, dass Independence eine Chance hat. Wir gucken ins Rennprogramm, da steht ein Pfeil nach unten und die Einschätzung: «Es ist zu befürchten, dass man dem wenig routinierten Hengst mit dieser Aufgabe keinen Gefallen tut. Hier sind nur Minimal-Chancen zu entdecken.» Außerdem laufen in diesem Rennen 15 Pferde, und da sind natürlich viele dabei, die einen Pfeil nach oben und deutlich bessere Einschätzungen haben. Nun ja.

Wir gehen wieder nach vorne zu den anderen. Sie haben für uns gewettet, schütteln aber den Kopf. Auf Independence? Ob wir noch ganz bei Trost sind? Doch, doch, sagen wir, total netter Fahrer. Die Leute, die das Rennprogramm schreiben, haben doch keine Ahnung, und man darf ja auch die Außenseiter nicht unterschätzen.

Dummerweise haben die Leute natürlich doch Ahnung, und Independence scheidet schon kurz nach dem Start wegen eines Fehlers aus. Wahrscheinlich ist er galoppiert. Tja.

Das schwedische Pferd Tamla Celeber gewinnt den Großen Preis von Deutschland. Dabei, mal ehrlich, *Tamla Celeber*? Was ist denn das für ein Name! Das Pferd hat keine Lust, sich den Kranz umhängen zu lassen, und läuft einfach weiter. Der Kranz-Überreicher hängt ihn kurzerhand der Fahrerin um, die den Platz im Sulky von dem eigentlichen Fahrer übernommen hat, der inzwischen auf der Bühne steht. Eine Blaskapelle spielt die schwedische Nationalhymne, Bürgermeister Olaf Scholz ist da und überreicht den Preis, Sonja Kraus redet dummes Zeug, der Fahrer beantwortet zwei, drei Fragen.

Jan hatte vorher noch schnell eine Dreierwette abgeschlossen und hat gewonnen! Hundertachtzig Euro! Irre! Wir holen eine Runde Bier und freuen uns.

Jan und ich dürfen kurz mit nach oben in die Sprecherkabine. Von dort oben hat man einen großartigen Überblick über die ganze Rennbahn; zwei Frauen haben alles im Griff, sie tragen Kopfhörer und haben Verbindung nach Frankreich, wo ebenfalls Rennen laufen. Die Startzeiten werden jeweils abgestimmt, damit die echten Fans (oder Zocker) alle Rennen live sehen können. Aus Frankreich kommt die Ansage, eine gute Startzeit für das nächste Rennen in Hamburg wäre 17 Uhr 02. Dann wird geguckt, wie die Pferde gerade schon auf der Bahn unterwegs sind und sich hinter dem Startauto befinden, da muss man auch ein bisschen sehen, wie es gerade passt. Die beiden Damen sprechen Anweisungen in ihre Headsets, das Rennen um den Prix du Cheval Français startet um 17 Uhr 01, das hat also gut geklappt. In diesem Rennen starten nur französische Pferde, sie haben Namen wie *Quatuor du Bouffey* oder *Ramses de Bouillon*. Vorne an der Scheibe steht der Kommentator, das Rennprogramm in der Hand, er spricht das gesamte Rennen mit, wer gerade vorne ist, wer wen überholt, wer zurückfällt, wer einen Fehler gemacht hat und ausscheidet, ich höre immer nur *Büffet* und *Bouillon*. Aus der Nachbarkabine hört man den französischen Kommentator, der vermutlich genau dasselbe sagt. Ich kriege Hunger.

Wir gehen wieder runter zu den anderen, um im Finale des Hamburg-Cups wieder mitzuwetten. Es gab zwei Vorläufe, aus denen jeweils die ersten vier Pferde jetzt noch mal im Finale laufen; wir haben die Pferde also schon gesehen, kennen sie quasi, als wären es unsere eigenen, und haben eindeutige Meinungen, wie das laufen wird. Es wird nämlich so laufen, sage ich, dass die Pferde mit den Nummern 1-3-2 die ersten drei sein werden, und zwar in genau dieser Reihenfolge. Das schreibe ich auf meinen Wettschein und sage zu den anderen, ihr werdet schon sehen.

Und dann passiert das Ungeheuerliche. Un-ge-heu-er-lich! Die Pferde kommen ins Ziel, ich bin nicht *ganz* sicher, dass es wirklich diese Reihenfolge war, da erscheint auf der Anzeigetafel: 1-2-3 (vorläufig). Der Zieleinlauf wird auf der Großleinwand wiederholt, wir schreien alle, dass ja wohl eindeutig die Drei vor der Zwei reinkam, es dauert eine ganze Weile, und dann verschwindet das «vorläufig» von der Anzeigetafel, aber da steht immer noch 1-2-3 statt 1-3-2, und ich bin beleidigt und fühle mich betrogen. Frechheit! Die wollen ja nur mein Geld nicht rausrücken! Reich wäre ich gewesen, reich! Immerhin hatte ich zwei Euro oder so was auf diese Reihenfolge gewettet, die ja WOHL auch die richtige war, aber nein, ich werde hier betrogen! So sieht's doch aus! Was versteht der Rennleiter denn schon davon!

Pöh.

Zwei Rennen noch. Wir verprassen das restliche Geld aus dem Prasstopf, stecken die bisher erzielten Gewinne nicht wieder dort rein und haben am Ende tatsächlich aus unseren hundert Euro hundertneunzig gemacht – kann man nicht meckern. Allerdings lag das nur an Jans einem Dreier-Erfolg. Wenn sie mir meinen Dreier auch noch anerkannt hätten! Als die Pferde in der Reihenfolge 1-3-2 eingelaufen sind, in Wahrheit, und nicht 1-2-3! Dann! Dann wär ich vielleicht mal wieder auf die Trabrennbahn gegangen. Aber so? Pfft.

Kunst und Sünde

Die Welt ist bunt, Menschen haben unterschiedliche Hobbys und Vorlieben, und das ist auch gut so. Manche ziehen sich sonderbar an oder lassen sich gern schlagen.

Freunde – nennen wir sie S. und M. – haben mich eingeladen, mit zu einer Orgie zu kommen, zu einer SM-Party, und mir das anzusehen. SM, so mein Freund, könne schließlich auch für «Sachen machen» stehen. Ich ziere mich ein bisschen – ich weiß nicht, sage ich, da gehöre ich doch gar nicht hin. Ich kann nicht gut sehen, wenn Leute sich wehtun. Halb so wild, sagt er, ich bräuchte ja nicht hinzugucken, und sowieso sei das eher eine Fetischmoden-Party, man verkleide sich halt und … Siehste, unterbreche ich ihn, ich hab nichts anzuziehen, und zwar diesmal wirklich.

Dann fällt mir ein, dass irgendwo hinten im Schrank noch das kurze Glitzerkleidchen ist, und schon habe ich keine Ausrede mehr. Das packe ich also ein (denn damit laufe ich nicht vorher durch die Stadt), um mich dort umzuziehen. Dort, im Catonium. Das Catonium ist ein ganzes Gebäude, das extra für solche Partys gebaut wurde, ziemlich groß, mit Discobereich, mehreren Bars, Nebenräumen, Folterkammern und ein paar Hotelzimmern. Die Party heute Abend nennt sich *Kunst und Sünde*.

Als wir ankommen, beschließe ich aus irgendeinem mir inzwischen nicht mehr nachvollziehbaren Grund, dass das Glitzerkleidchen doch irgendwie peinlich ist und ich ebenso gut so reingehen kann, wie ich immer aussehe. Rock, T-Shirt, Stiefel. Ich fühle mich sowieso ein bisschen unsicher, da kann ich wenigstens in Kleidern stecken, in denen ich mich wohlfühle. Ich gebe das Glitzerkleid an der Garderobe mit ab.

Total bescheuerte Idee. Peinlich ist hier nur eins, nämlich: etwas ganz Normales zu tragen. Etwas vermeintlich Peinliches zu tragen wäre deutlich unpeinlicher, denn genau dafür ist diese Party ja gedacht – so, wie ich aussehe, könnte ich mir auch gleich ein Schild umhängen: «Ich gehöre hier nicht hin, ich will nur mal gucken.»

Und zu gucken gibt es wirklich was! Erstaunliche Outfits. Keine einzige der Damen sieht aus wie ich, also «normal». Ein Teil der Herren ist im Anzug. Ansonsten: Lack, Leder, Latex. Viel Durchsichtiges, Tüll und leichte Organzastoffe, die gar nichts verhüllen. Hochgeschnürte Brüste, abgeschnürte Brüste, herausquellende Brüste, halb oder überhaupt nicht bedeckte Brüste. Kleidchen, die nur den halben Po bedecken, darunter ein hauchdünner String oder gleich gar nichts. Mittelalterlich anmutende Gewänder. Abendkleider, aus denen die Brüste hängen. Strapse, Mieder, Korsagen, Strings, Hot Pants, Uniformen. Hosen ohne Po. Männerröcke. Unglaublich viele Schuhe, bei denen ich schon vom Hingucken einen Bänderriss bekomme, und zwar nicht nur an Frauenfüßen. Und das alles übrigens vollkommen unabhängig von Alter und Figur. Peinlich? Hier ist niemandem irgendwas peinlich. Deswegen sind sie alle hier, weil hier nichts peinlich ist. Absolut wundervoll!

Zwischendrin laufen splitternackte, mit Goldfarbe angemalte «Elfen» mit zarten Flügeln und spitzen Ohren herum, ein Mann und eine Frau, die auf großen Silbertabletts Süßigkeiten anbieten: Lollis, Eiskonfekt, weiße Mäuse, bunte Mäuse, andere Schaum- und Gummi-Süßigkeiten. Ich nehme mir eine bunte Maus.

Wir gehen erst mal in einen etwas kleineren Nebenraum mit der Ansage «Gotik» über der Tür, wo noch fast niemand ist, und bestellen uns etwas zu trinken, setzen uns und halten ein Schwätzchen. Wie auf jeder anderen Party auch – nur dass die Leute, die reinkommen, anders aussehen. Zum Beispiel ein sehr langer, dün-

ner Mann mit langen, dünnen Haaren, die wahrscheinlich nur noch an der Seite wachsen, oben nicht mehr – kann man nicht sehen, weil er eine Glitzermütze aufhat. Des Weiteren trägt er hochhackige Overknee-Stiefel, Netzstrümpfe, einen superknappen Lackrock und ein dazu passendes Bustier. Zwischen Rock und Bustier guckt sein kugeliger Männerbauch raus, mit einigen Bauchnabelpiercings. Für meinen Geschmack sieht das vollkommen unmöglich aus, S. sagt: Guck mal, der da. Ist das nicht großartig? Sieht schlimm aus, aber hier kann er einfach so rumlaufen, wenn er das möchte. Ohne dass jemand blöd guckt. Das ist doch toll!

Und apropos gucken, sagt S., ich könne ruhig hemmungslos Leute anglotzen, die wollen ja alle ganz gerne angeguckt werden.

Gute Idee, wir haben sowieso unser Bier ausgetrunken, dann drehen wir mal eine Runde und gucken. Der ganze Laden ist sehr schön gemacht – Räume in unterschiedlichen Größen, Galerien, von denen man runtergucken kann, alles mit einer dezent mittelalterlichen Anmutung, aber dabei so clean und modern, dass es nicht albern wirkt, sondern eindeutig nur mittelalterliche Elemente zitiert und nicht wirklich mittelalterlich tut. Früher, erzählt S., seien auf solchen Veranstaltungen immer gregorianische Gesänge gespielt worden. Grauenhaft, bis es einem zu beiden Ohren wieder rauskam. So was gibt es hier nicht, hier wird konsensfähige, tanzbare Partymusik gespielt.

Wir gehen in den nächsten Raum («Romanik»). Eine hohe Halle mit einigen Foltergeräten darin; es ist nicht viel los, eine Frau steht nackt, nur mit High Heels und einer Augenbinde bekleidet, mitten im Raum und rührt sich nicht. An den Wänden stehen und sitzen ein paar Leute und sehen sie an oder unterhalten sich leise. Auf der anderen Seite führt eine Treppe nach oben, von dort aus eine weitere Treppe noch weiter nach oben. Man kann an drei von vier Seiten von oben in den Raum gucken, und als wir da oben sind, tut sich unten etwas. Die nackte Frau wird von einem Mann im Anzug zu einem … wie nennt man das? Eine Art Bock, wie zum Bockspringen, geführt, der mitten im Raum steht. Er sorgt dafür, dass sie sich vornüberbeugt, sich auf dem Bock abstützt und die Beine ein bisschen auseinanderstellt. Das alles tut er mit langsamen Bewegungen, es wirkt sehr ruhig und konzentriert. Dann schlägt er sie mit einer kurzen, breiten Gerte auf den nackten Po. Es klatscht durch die ganze Halle, obwohl er nicht besonders fest zuzuschlagen scheint, sondern sehr gezielt, in genau der richtigen Dosis – mir wird schnell klar, dass es überhaupt nicht darum geht, jemanden einfach zu quälen, sondern darum, ihm genau die Sorte Schmerz zuzufügen, die er möchte. Die Frau erträgt die Schläge stoisch. Sie zuckt nicht, sie gibt keinen Laut von sich. Laute kommen vielmehr von irgendwo weiter oben, lautes Frauenstöhnen, es stöhnt hemmungslos durch die ganze hohe Halle. Woher kommt das? Schwer zu orten, ich sehe niemanden. Ich sehe nur eine goldene Elfe mit weißen Mäusen.

In einem Nebenraum steht ein großes Rad, an das man sich x-förmig fesseln lassen kann, Arme und Beine abgespreizt, und dann kann man das Rad drehen. Scheuert bestimmt an den Arm- und Beinschlaufen, denke ich, und S. erklärt, solche Geräte hätten dann manchmal etwas von einer Bastelstunde, weil es immer irgendwo klemmt und nicht funktioniert und das Rad sich nicht drehen lässt. Die Erotik eines Drehwurms erschließt sich mir spontan nicht, aber was weiß ich schon. Vielleicht wird man auch einfach auf dem Kopf hängen gelassen und dann weiterbehandelt. Ein kichernder Mann versucht, eine kichernde Frau dort anzuschnallen, wir gehen erst mal weiter. Das laute Stöhnen hat aufgehört.

So langsam gewöhne ich mich an das Ambiente. Gleichzeitig habe ich das Gefühl, im Film oder in einem Traum zu sein. Alles ein bisschen unwirklich, vollkommen andere Welt. Ich bin hier

fremd, laufe mit großen Augen darin herum und staune. S. trifft zufällig einen Kollegen, den er seit zehn Jahren kennt, aber nicht hier erwartet hätte. Keine Viertelstunde später trifft M. eine Kollegin, die sie ebenfalls nicht hier erwartet hätte. Sie sieht unfassbar sexy aus in ihrer Stewardessenuniform, die nur die Hälfte ihrer perfekten Brüste und ihres perfekten Pos bedeckt. Stewardessenhütchen dazu, Handschuhe, High Heels. Ich sehe sofort ein, wieso S. quasi anfängt zu sabbern. M., seine Frau, amüsiert sich darüber, und ich frage mich plötzlich, ob ich die beiden eigentlich gerade ausbremse. Nö, sagt S., und ich stürze mich auf die nächste goldene Elfe und ihre bunten Mäuse.

Hier und da stehen in den Ecken große Sofas, Betten oder Spielwiesen, auf denen sich Leute vergnügen. Nackte Hintern werden gen Publikum gereckt und mit Händen oder kurzen Gerten geschlagen, Finger werden in Körperöffnungen geschoben, es wird gestöhnt. Das, findet S., sei doch echt eklig, auf diesen Sofas und Betten, igitt. Kurz drauf sagt M., sich öffentlich vögeln zu lassen, das müsse sie nun wirklich nicht haben. Das amüsiert mich irgendwie, ich dachte, für genau so was kommt man hierher. Aber natürlich haben auch hier alle ganz unterschiedliche Vorstellungen davon, was schön, geil, unmöglich oder eklig ist. Möglich und erlaubt ist jedenfalls alles. Im Grunde, sagt S., sei das hier auch nichts anderes als eine Art Hobby. Manche bauen Modelleisenbahnen, andere spielen Fußball, wieder andere gehen auf SM-Partys und haben öffentlich Sex oder gucken anderen dabei zu.

Um kurz nach zwölf gibt es «natürlich» die Walzerrunde. Zwanzig Minuten lang werden Wiener Walzer gespielt, die Tanzfläche ist voll, alle tanzen Walzer, einige Paare auf der Bühne, und manche gar nicht mal schlecht, mitsamt Linksdrehung und allen Schikanen.

Um das noch mal deutlich zu machen: Ich bin auf einer SM-Orgie, und die Leute tanzen Walzer. Dicke Frauen in langen schwarzen Gewändern, die die üppigen Brüste nicht bedecken, Männer in weißen Hot Pants und sonst nichts, Frauen in knappen Lack-Krankenschwestern-Outfits, Männer in ein paar Lederriemen, extrem attraktive und sexye ebenso wie (für meinen Geschmack) unattraktive und unsexye Menschen tanzen Wiener Walzer, während nebenan und drum herum Leute nackt ausgepeitscht oder in Käfige gesperrt werden, nur so zum Spaß.

Am Rand der Tanzfläche steht eine Frau in einem zarten weißen Kleidchen und mit einer Plüschpferd-Handtasche. Ein weißes Plüschpferd als Handtasche. Entschuldigung, aber da muss ich ein bisschen lachen und an Die Ärzte denken: «Deine Gewalt ist nur ein stummer Schrei nach Lihiebe», aber das ist hier natürlich eh das Thema. Mich rührt diese Handtasche.

Wir tanzen ein bisschen, dann drehen wir noch mal dieselbe Runde. Wir sehen einen Mann in sehr hohen High Heels ohne Heels, sozusagen, es sind keine Absätze an diesen Stiefeln, nur vorne ein hohes Plateau, dann geht die Sohle hinten hoch, aber unter der Ferse ist kein Absatz, der den Mann irgendwie stützen würde, man muss in diesen Schuhen offenbar die ganze Zeit wirklich auf Zehenspitzen gehen – Wahnsinn. Wie kann man in so was laufen?

Wir kommen wieder in die «Romanik»-Halle, wo immer noch dasselbe Paar zugange ist. Der Mann ist immer noch voll bekleidet, im Anzug, die Frau liegt inzwischen auf dem Rücken auf einem Tisch und hat die Beine rechts und links über dem Kopf gespreizt an der Wand festgeschnallt. Auf mehreren Etagen stehen Leute herum und können quasi in sie reingucken. Sie hat immer noch die Augen verbunden.

Man kann aber nicht nur in sie reingucken, es guckt auch etwas aus ihr raus. Bestimmt 15 lange, helle Dinger – ich bin nicht

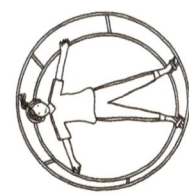

nah genug dran, um zu erkennen, was das ist, und will auch vorsichtshalber nicht zu genau hingucken. Ich frage S., was da in der Frau drinsteckt. Nicht drin, sagt er, nur dran: Wäscheklammern. Man kann so wunderbare Dinge mit einfachen Haushaltsgegenständen machen. Aua!, sage ich, da sagt er: Das tut gar nicht mal so weh. Richtig weh tut es erst, wenn man die Klammern wieder abmacht und das ganze Blut wieder reinschießt.

Der Mann reißt Klebeband von einer Rolle ab. Er biegt die Wäscheklammern nach außen und klebt sie der Frau an den Schenkeln fest. Das sei, erklärt mir S., ein spezielles Bondage-Tape, das beim Ablösen nicht wehtut. Ach, sage ich, ich denke, es geht ums Wehtun? Ja, sagt er, aber doch nicht beim Klebeband-Abmachen. Das passt zu dem Eindruck, den ich sowieso habe und schon vor – wie lange ist das her, dass die beiden mit ihrem Spiel angefangen haben? Anderthalb Stunden? Zwei? –, also, es passt zu dem Eindruck, den ich schon vorher hatte, dass nämlich der Mann hochkonzentriert und gezielt Dinge tut, von denen er genau weiß, dass die Frau sie mag. Dass es zwar wehtut, es aber nicht um *irgendwelche* Schmerzen geht. Es hat, anders gesagt, überhaupt nichts mit Brutalität zu tun, sondern wirkt sogar liebevoll.

Das war es, wovor ich Angst hatte – sehen zu müssen, wie Leute sich wehtun. Damit kann ich nicht gut umgehen, ich mag schon keine Prügelszenen in Filmen, auch wenn sie noch so offensichtlich gestellt sind. Ich weichliches Puschelhäschen. Aber das hier ist etwas anderes. Die beiden sind mit Sicherheit ein eingespieltes Team, und jeder weiß genau, dass er sich auf den anderen verlassen kann. Die Frau macht immer noch keinen Mucks.

Wir unterhalten uns nebenbei. Leute kommen und gehen, manchmal bleiben welche vor uns stehen, sodass ich die beiden nicht sehen kann. Hinten in der Ecke wird noch jemand ausgepeitscht. Zwei Frauen, wie sich herausstellt, werden da von einem Mann geschlagen. Er sitzt im Sessel, die beiden Frauen kauern zu seinen Füßen und klammern sich aneinander fest. Sie wimmern, es scheint wehzutun. Sie haben rote Striemen auf dem Rücken.

Langsam fällt auf, dass die Männer, allesamt vollbekleidete Anzugträger, hier ihre Frauen *behandeln* und vorführen. Wir sehen den ganzen Abend über keinen einzigen Mann in passiver, exponierter Rolle. Okay, ein paar Männer werden von ihren Frauen an der Leine herumgeführt, aber das war's dann auch. Reiner Zufall, meint S., normalerweise gäbe es das schon in beide Richtungen.

Ein kleiner, rundlicher Mann mit Glatze kommt vorbei, er trägt ein Jackett, nichts drunter, dazu ein glitzerndes Metall-Suspensorium, das aussieht wie ein Gürteltierpanzer, und Overknee-Stiefel mit hohen Absätzen. Hinter ihm kommt eine goldene Elfe hereingeschwebt, ich nehme mir noch eine bunte Maus.

Nach einer Weile sind Bondage-Tape und Wäscheklammern aus dem Intimbereich der Frau verschwunden, ohne dass ich mitbekommen hätte, wie sie entfernt wurden. Der Mann löst seine Frau aus den Fesseln, hilft ihr beim Aufstehen, führt sie wieder in die Mitte des Raumes und hängt ihr mit Klemmen ein paar Gewichte an die Schamlippen. Immer noch liebevoll, ruhig und konzentriert. Mit diesen Gewichten zwischen den Beinen führt er sie weg – langsam, vorsichtig, sie hat immer noch die Augen verbunden, und sie trägt immer noch nichts weiter als High Heels, die Augenbinde und diese Gewichte.

Wir beschließen, wieder in den Hauptraum zu gehen und noch ein bisschen zu tanzen. Über der Tanzfläche hängt ein Käfig, in dem eine Frau steht – allerdings tanzt sie nicht, wie ich gedacht hätte, dass es gedacht ist, sondern steht mit dem Rücken zur Tanzfläche und dem Gesicht Richtung Empore und regt sich nicht. Als wir etwas später dort vorbeikommen, sehen wir, dass sie mit ihren Brustwarzen-Piercings an den Käfig gefesselt ist. Sie hätte sich gar nicht umdrehen und tanzen können. Wahrscheinlich war-

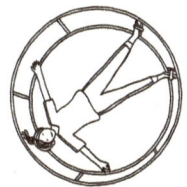

tet sie darauf, dass ihr «Herr» sie dort loslöst und was weiß ich was mit ihr anstellt.

Wir tanzen noch ein bisschen, und dann ist es auch schon zwei Uhr. Mir reicht es, den beiden anderen auch. Wir fahren nach Hause.

Ich glaube, ich habe nicht alles gesehen, aber das ist in Ordnung. Es gab sicher noch Nebenräume, die wir völlig übersehen haben. Ein Schulzimmer war da, in das wir nur am Anfang einmal geguckt haben, als dort niemand war. Irgendwo stand ein Marterpfahl. Ein zum Paket verschnürter Mann (dann doch) sollte offenbar gerade an einem Balken hochgezogen werden, das haben wir aber nicht mehr gesehen. Als wir gingen, traf außerdem gerade «der Masseur» ein; S. wusste auch nicht, was genau der eigentlich macht. Und in die dunkelsten Ecken habe ich vorsichtshalber gar nicht erst geguckt.

Tauchen

Endlich! Seit ich denken kann, träume ich davon, unter Wasser atmen zu können. Andere träumen vom Fliegen, ich nicht, habe ich noch nie, ich träume, ich könnte unter Wasser atmen. Es ist immer dasselbe, ich schwimme unter Wasser, denke: Versuch's doch einfach mal, und stelle fest, dass es geht. Es gibt keine große Geschichte drum herum, es ist einfach nur das: Ich kann unter Wasser atmen. Dann wache ich meist auf. Und habe, wenn ich schwimme, manchmal geradezu die Sorge, dass ich unter Wasser aus Versehen tief Luft holen könnte, weil ich ja schon so oft erlebt habe, dass es funktioniert.

Warum habe ich es noch nie wirklich probiert, warum habe ich noch nie einen Tauchkurs gemacht? Keine Ahnung. Meine Vorfreude sagt, dass ich das schon längst hätte tun sollen. Wobei das, was ich jetzt mache, auch überhaupt nichts Beängstigendes hat, ich mache nur einen Schnupperkurs im Schwimmbad, da kann gar nichts passieren. Selbst wenn das mit dem Atmen nicht klappen sollte, wenn mir das Atemgerät flöten geht oder sonst was passiert, dann tauche ich halt auf. Keinerlei Gefahr, und Haie wird's im Schwimmbad auch nicht geben.

Als ich ankomme, werde ich als Erstes gefragt, ob ich ein T-Shirt dabeihabe. Habe ich nicht, wieso sollte ich, ich habe einen Badeanzug dabei. Das Jacket, das man beim Tauchen trägt, scheuert aber an den Schultern, heißt es, daher bekomme ich einen Neoprenanzug geliehen. Ist im Schwimmbad sonst eigentlich nicht nötig, nur halt als Scheuerschutz. Sehr flott, mit kurzen Beinen und kurzen Ärmeln, ich sehe aus wie ein Bond-Girl. Also, fast. *hust*

Wir sind ziemlich viele Tauchschüler in dem kleinen Schwimmbad. Ein ganzer Kindergeburtstag ist dabei, sehr süß. Und glücklicherweise auch genügend Lehrer dazu, ein Lehrer betreut höchstens vier Schüler. Wir sind nur zu dritt; außer mir noch Sigrun und Helmut, dazu unsere Tauchlehrerin Sabine. Sabine zeigt uns, wie man die Ausrüstung zusammensetzt: die schwere Flasche hinten in das Jacket einspannen, den Lungenautomaten an der richtigen Stelle an der Flasche festschrauben und die losen Enden mit Klettverschlüssen am Jacket sichern. Ich freue mich über das Wort *Lungenautomat*, das klingt so nach Herz-Lungen-Maschine und tut ja auch so was Ähnliches. Natürlich sage ich dauernd *Lungenmaschine*, Sabine lacht.

Wir legen die zusammengesetzten Jackets mitsamt Luftflasche und Lungenmaschine erst mal ins Wasser. Dann muss ich mir zwei Kilo Blei umschnallen, damit ich überhaupt untergehe, denn so ein Neoprenanzug hat Auftrieb. Ich kann mir kaum vorstellen, dass die Flasche und das ganze Gedöns nicht schwer genug sein sollen, um mich runterzuziehen, aber Sabine wird das besser beurteilen können. Wir spucken in unsere Taucherbrillen und verreiben die Spucke darin – die Brillen würden im Wasser sonst sofort beschlagen, und Spucke verhindert das. Sehr appetitlich – weiß der Geier, wer da sonst schon alles reingespuckt hat. Aber die Brillen kommen nach jeder Benutzung in die Spülmaschine, da soll wohl nicht mehr allzu viel fremde Spucke drin sein.

Brille auf und ab ins Wasser – angenehm kühl! Ich bin schon ganz verschwitzt von der schweren Flasche und dem warmen Neoprenanzug. Ob der auch in die Spülmaschine kommt? Im Wasser ziehen wir uns die Flossen an, dann das Jacket, wir zurren alle Riemen fest, setzen die Brillen auf und tauchen dann mal kurz den Kopf ins Wasser, um uns zu vergewissern, dass die Brillen dicht sind. Sind sie. Noch nie habe ich im Wasser so viel angehabt und mich so angeschnallt gefühlt.

Dann das Atemgerät: Wir nehmen das Mundstück in den Mund (Spülmaschine, nehme ich an) und atmen damit ganz normal weiter. Das funktioniert tatsächlich, also können wir damit auch mal kurz unter Wasser gehen – yeah! Yeah yeah yeah! Ich kann unter Wasser atmen! Ganz normal, nur halt mit dem Ding im Mund. Wahnsinn. Ich! atme! unter! Wasser!

Was allerdings, wenn ich es recht bedenke, im Moment einigermaßen überflüssig ist, denn ich könnte ebenso gut einfach den Kopf heben. Die Verabredung war, dass wir uns kurz auf den Schwimmbadboden setzen. Das Wasser ist gerade mal hüfthoch, ich treibe an der Oberfläche und habe überhaupt keine Chance, mich auf den Boden zu setzen. Da komme ich gar nicht runter. Sabine sagt, ich soll die Luft aus dem Jacket lassen, aber das habe ich längst, da ist kein Fitzelchen Luft mehr drin. Sie steckt mir noch ein Stück Blei in die Tasche, ich gehe immer noch nicht unter. Noch ein Stück Blei in die andere Tasche, dann geht es ein bisschen besser, aber immer noch nicht gut. Langsam frage ich mich fast, wie man überhaupt ertrinken kann, ich gehe nicht mal unter. Trotz schwerer Flasche auf dem Rücken (die im Wasser natürlich nicht mehr so schwer ist) und ein paar Kilo Blei in den Taschen. Aber jetzt geht es einigermaßen, ich atme so weit aus, wie ich kann, und sinke langsam auf den Grund.

Völlig irre. Ich liege auf dem Schwimmbadboden, habe noch nicht so richtig unter Kontrolle, wohin es mich gerade treibt, aber ich atme, und ich kann alles um mich herum klar und deutlich sehen. Nur ein bisschen verzerrt, manches erscheint größer, als es ist. Alles okay?, fragt Sabine, indem sie einen Ring mit Daumen und Zeigefinger macht. Ich recke den Daumen hoch, weil ich *Ja, total super* meine, dann fällt mir ein, dass der hochgereckte Daumen das Zeichen für *Ich will auftauchen* ist, und mache stattdessen auch den Ring. Himmel, ist das toll.

Wir tauchen alle wieder auf, und ich habe zum ersten Mal ein

dümmliches Grinsen im Gesicht. Toll, stammle ich. Und dann sage ich: toll. Bei den beiden anderen ist auch alles in Ordnung. Wunderbar, sagt Sabine, dann tauchen wir jetzt wieder ab, legen uns auf den Boden, und bewegen uns dann langsam Richtung tieferes Ende. Yeah.

Ich komme schon wieder nicht runter. Ich versuche, Luft aus dem Jacket zu lassen, in dem eh keine drin ist, atme alles aus, was ich noch in der Lunge habe, ich treibe oben. Wie bin ich denn vorhin runtergekommen? Das ging doch? Da ist keine Luft mehr, woher auch, ich habe, seit wir im Wasser sind, immer nur den Luft-raus-Knopf gedrückt. Sabine kommt und hängt mir noch ein größeres Gewicht irgendwo dran, ich gehe unter. Super. Sabine und ich schwimmen rückwärts, die beiden anderen vorwärts, sodass sie uns angucken, langsam Richtung tiefes Ende.

Und dann runter. Alles okay, fragt Sabine per Handzeichen, alles okay, signalisiere ich. Bei Sigrun sieht es auch gut aus, Helmut treibt ein bisschen unbeholfen durch die Gegend, Sabine kümmert sich um ihn.

Ich fühle mich ganz schnell zu Hause. Nur mein Kiefer verkrampft sich ein bisschen, ich beiße zu fest auf das Mundstück. Wenn ich versuche, etwas lockerer zu lassen, bekomme ich Angst, das Mundstück zu verlieren. Ich halte es kurz mit der Hand fest, um keine Kieferverspannung zu bekommen. Ansonsten bin ich total in meinem Element. Ist! das! herrlich! Man kann einfach ganz normal weiteratmen! Unter Wasser!

Ich schwimme herum, mit den Flossen geht das ja ganz einfach, lasse mich ganz nach unten sinken, mache automatisch zwischendurch mal einen Druckausgleich, drehe mich um, schwimme hin und her und fühle mich pudelwohl.

Es ist ganz schön voll im Becken, alles voller Tauchschüler, alle scheinen es prima zu finden. Ach, herrlich. Irgendwo schwimmt ein Fisch. Also, ein Plastikfisch, der mit einem Faden an einem

Gewicht befestigt ist. Und ein Hula-Hoop-Reifen, durch den man durchschwimmen kann. Ansonsten möchte man gar nicht so genau wissen, was in so einem Schwimmbad alles herumschwimmt. Pflaster, Haarbüschel, Gummibänder, Undefinierbares. Ein paar Leute werfen sich einen kleinen Plastikhai zu wie eine Frisbeescheibe. Ich sehe Sabine, zeige auf den Reifen und gucke fragend. Sie nickt, und ich traue mich. Der Reifen ist nicht so irre groß, und man hat ja allerhand Geraffel auf dem Rücken, aber es klappt, ich komme problemlos durch, bleibe nicht hängen und freue mich.

Unter Wasser geht alles viel langsamer und viel leichter, ich möchte sofort raus in «richtiges» Wasser, richtige Fische sehen und richtige Pflanzen und richtiges Wasserleben, nicht nur große Mengen Taucher in hellblauen Kacheln.

Zwischendurch tauchen wir einmal kurz auf, klären, ob alles klar ist. Ich will raus, sage ich, und Sabine guckt besorgt, nein, nein, nicht jetzt raus aus dem Wasser, sage ich, sondern raus in die Natur, ins Meer oder in einen See, in richtiges Wasser. Wahrscheinlich grinse ich auch schon wieder blöd. Es ist so toll, ich bin vollkommen beglückt.

Natürlich ist die Stunde viel zu schnell vorbei. Wie, schon Schluss?, denke ich und merke plötzlich, dass ich doch ein bisschen erschöpft bin und vor allem friere. Gut, dass ich den Neoprenanzug hatte, im T-Shirt wäre es mir wahrscheinlich noch kälter geworden. Im Wasser bewegt man sich so langsam, dass man nicht von selbst warm wird wie sonst beim Schwimmen. Eigentlich klar, dass man da irgendwann friert.

Und trotzdem: Am liebsten würde ich nur kurz heiß duschen und dann wieder rein. Auch wenn ich in diesem kleinen Schwimmbad inzwischen jede Fliese, jedes herumtreibende Pflaster und jedes Haargummi kenne.

Zu Hause google ich nach Tauchurlauben.

Segway

Um elf Uhr soll es losgehen. Um neun Uhr ist es draußen grau. Um zehn noch grauer, es fängt an zu nieseln. Ich gucke ins Internet, da steht aber, die Tour findet statt. Also packe ich mich warm ein, ziehe meinen Friesennerz an und gehe los. Unterwegs fällt mir ein, dass ich meine Handschuhe vergessen habe. Blöd. Aber der Friesennerz ist bestimmt genau das Richtige. Da bleibt man trocken, und weil man sich auf dem Segway nicht bewegt, dürfte ich dieses eine Mal auch nicht so schwitzen wie sonst in dem Ding.

Als ich aus der U-Bahn steige, hat es sich offenbar eingeregnet. Na, das wird ein Spaß, die Tour soll zwei Stunden dauern. Das mit den Handschuhen ist echt blöd.

Es wird dann aber, stellt sich heraus, weder ein Spaß noch blöd, es wird vielmehr gar nichts. Die Tour findet nicht statt. Glücklicherweise sind am nächsten Tag noch Plätze frei, ich werde umgebucht und gehe erst mal Kaffee trinken.

Am nächsten Morgen stehe ich bei deutlich besserem Wetter wieder bei Mindways Segway Citytour vor der Tür und habe Handschuhe dabei. Außer mir sind noch drei Paare unterschiedlichen Alters da, dazu unsere beiden Guides Karl und Julien. Wir bekommen Helme, Karl erklärt uns ein paar Dinge zur Funktionsweise und zur Sicherheit auf den Segways, und dann dürfen wir üben: Einer nach dem anderen darf aufsteigen, ein paar Meter fahren, dann wieder absteigen.

Ich war überzeugt gewesen, dass das Gasgeben und das Bremsen so ähnlich funktionieren würden wie beim Mofa (man braucht übrigens auch einen Mofa-Führerschein, um Segway fahren zu dürfen), nämlich über die Handgriffe. Stimmt aber nicht, die Technologie ist viel komplizierter und total faszinierend: Man verlagert nur um eine Winzigkeit das Gewicht nach vorne, um Gas zu geben, und wieder nach hinten, um abzubremsen. Die Informationen werden über Sensoren auf dem Trittbrett elektronisch weiterverarbeitet. Wenn man die Handgriffe loslässt, fällt die ganze Lenksäule übrigens nach vorne, die Dinger können nicht allein stehen.

Ich bin dran mit der Probefahrt. Karl hält den Segway fest, ich steige auf. Karl wackelt ein bisschen daran herum, damit ich ein Gefühl dafür kriege, dann lässt er los. Ich verlagere das Gewicht ein bisschen nach vorne und fahre los. Hui! Und verlagere das Gewicht wieder nach hinten und halte an. Faszinierend. Wirklich. Sehr beeindruckend, wie sensibel das Gerät funktioniert. Und hey, das macht Spaß!

Während wir einer nach dem anderen unter Karls Anleitung die ersten zwei, drei Meter fahren, baut Julien einen kleinen Parcours auf. Wir fahren Slalom zwischen Baustellenhütchen hindurch, kurven hin und zurück, durch enge Stellen und über kleine Hubbel, es funktioniert alles hervorragend und nach erstaunlich kurzer Zeit schon ganz intuitiv. Ich habe das Gefühl, ich brauche nur «losfahren» zu *denken*, dann fahre ich los. Und wenn ich «stehen bleiben» denke, dann bleibe ich stehen.

Zum Schluss bekommen wir noch ein paar klare Ansagen: Wir müssen immer schön hintereinander herfahren, nicht nebeneinander. Und wer sich Karls und Juliens Anweisungen widersetzt, fliegt raus. Dazu sind die Segways zu empfindlich und zu teuer, als dass man da Quatsch machen könnte. Sieht aber nicht aus, als wären wilde Rowdys in unserer Gruppe.

Los geht's erst mal Richtung Hafencity. Was ich gleich als Erstes denke: Wenn man nicht mit einer geführten Tour unterwegs ist, sondern allein, dann weiß man gar nicht, wo man langfahren

kann. Wo die Bordsteine so weit abgesenkt sind, dass man drüberfahren kann, und wo man absteigen und den Segway anheben müsste. Wo womöglich Treppen sind.

Die Segways haben Mofa-Kennzeichen und werden auch ansonsten wie Mofas behandelt, müssen also normalerweise auf der Straße fahren. Mindways hat aber eine Sondergenehmigung, mit den Stadtführungsgruppen dürfen sie auf dem Bürgersteig fahren. Unsere Segways sind auf 9 km / h gedrosselt, schneller fahren sie nicht. Juliens und Karls schon, Julien wird manchmal an uns allen vorbeidüsen, um aufzupassen, dass wir alle eine schwierigere Stelle gut überstehen. Ansonsten fährt er als Letzter hinten.

Vorne an der Lenksäule sind kleine Lautsprecher installiert, aus denen wir Informationen über die Stadt vorgespielt bekommen, teilweise von passender Musik oder Geräuschen unterlegt. Anfangs finde ich das ein bisschen albern, dann aber irgendwie doch ganz nett. Karl hat vorne an seinem Segway ein Gerät, mit dem er diese Informationen im richtigen Moment einschalten kann; zwischendurch hält er das Band an und erzählt selbst noch etwas. Das gefällt mir, diese Mischung aus aufbereiteten Informationen und persönlicher Note des jeweiligen Guides.

An den Marco-Polo-Terrassen machen wir eine kleine Pause, stellen die Segways ab und vertreten uns kurz die Beine. Wir sind noch nicht mal einen Kilometer gefahren und merken schon, dass uns ein bisschen die Füße kribbeln und wir etwas steif sind; erstens ist es frisch, zweitens stehen wir wohl doch alle noch nicht so ganz entspannt auf den Segways. Wir machen ein paar Fotos, reichen Kameras herum, vor allem machen Karl und Julien Bilder von uns Teilnehmern. Sehr nett. Außerdem kommt die Sonne raus, der Himmel reißt auf und ist plötzlich blau.

Als wir die Hafencity verlassen, können wir wegen einer Baustelle einen Bürgersteig nicht benutzen. Wir müssen auf der Straße fahren und eine größere Straße überqueren – waaaaaaah, mitten auf der Kreuzung kommt mir meine Lenksäule entgegen, ich bin irgendwie zu schnell, Hilfe! Ich versuche, sie wegzudrücken, das ist natürlich kontraproduktiv, weil ich dabei das Gewicht nach vorn verlagere. Karl hatte es uns vorher erklärt: Wenn man zu schnell wird, versucht die Lenksäule sozusagen, einen zurückzuschieben, damit man langsamer fährt. Denn wenn man das Gewicht nach hinten verlagert, wird ja abgebremst. Aber als wir da die große Straße überqueren, habe ich das Gefühl, ich muss dagegenhalten, gegen die aufdringliche Lenksäule, denn sonst schubst sie mich hinten runter. Außerdem will ich natürlich schnell über die Kreuzung. Ich brauche einen Moment, bis mir wieder einfällt, dass ich mich ein bisschen «setzen» und langsamer fahren soll und dass die Autos sowieso gerade Rot haben und gar nicht vorhatten, mich über den Haufen zu fahren. Wenn ich das Gewicht nach hinten verlagere, falle ich ja auch gar nicht hinten runter, sondern werde langsamer.

Puh, das war ein kleiner Schreck. Beim nächsten Mal weiß ich es. Wir lassen den Hafen hinter uns, fahren am Michel vorbei, durch Straßen, in denen ich noch nie war, und sind plötzlich oben an der Jugendherberge. Dort machen wir noch eine kleine Pause an Hamburgs einzigem Weinberg und schauen noch einmal auf den Hafen hinunter. «Schönste Stadt der Welt», denke ich, wie immer, wenn ich bei schönem Wetter am Hafen bin. Oder bei irgendeinem Wetter. Am Hafen geht mir immer das Herz auf.

Ich hüpfe ein bisschen herum, denn so langsam wird es doch recht kalt. Man bewegt sich ja auf dem Segway nicht, man steht die ganze Zeit still, ich bin sehr froh, dass ich Handschuhe dabeihabe. Und dass wir gestern bei Regen und ohne Handschuhe nicht gefahren sind, denn das wäre kein Spaß gewesen.

Im Oktober 2009 fand in der Schweiz das erste Segway-Laubbläser-Polo-Turnier statt. Was für eine sensationell beknackte Idee,

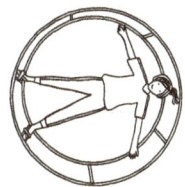

da wäre ich gern dabei gewesen. Karl hat davon nichts gehört, erzählt aber, dass Segwaypolo tatsächlich auch dauerhaft gespielt wird. Allerdings nicht mit Laubbläsern. In der Tat gibt es einen entsprechenden Wikipedia-Eintrag, es gibt den Verein Segwaypolo Deutschland e. V., es gibt Europa- und Weltmeisterschaften. Man staunt. Wie großartig, was es alles gibt! Und wie irre, dass man davon so überhaupt nichts mitbekommt, wenn man sich nicht zufällig auch dafür interessiert.

Ich fühle mich auf meinem Segway inzwischen wie zu Hause. Er scheint wirklich durch Gedankenkraft zu funktionieren: Sobald ich «losfahren» oder «anhalten» denke, tut er das. Großartiges Gerät. Nur wird es auf die Dauer dann doch ziemlich kalt. Wir kommen an der Laeiszhalle vorbei, am Casino, machen einen letzten kurzen Stopp an der Binnenalster und fahren dann über den Rathausmarkt zurück zum Segway-Laden. Ich habe dies und das über Hamburg gelernt, bin durch Straßen gefahren, in denen ich noch nie war, und habe zum Abschluss auch noch einen «Segway-Führerschein» bekommen. Netter Gag. Und Spaß hatte ich auch.

Hamam

Es ist sehr warm, die Luft ist feucht, fast nebelig. Wir haben ein Handtuch zum Umwickeln bekommen, in Blau, das steht für *Verwöhnvariante vier*. Alle sind unglaublich freundlich: Sind Sie zum ersten Mal hier? Ja, sind wir.

Wir tragen nur eine Badehose und das Umwickeltuch. Ein Tellak, ein türkischer Bademeister, gießt uns aus einem Messingschälchen Wasser über den Kopf, drei-, viermal, dann lässt er uns allein. Außer uns ist kaum jemand da. Wir können uns in einem großen Waschbecken eine angenehme Temperatur mischen, uns mit Wasser übergießen und uns dann auf den heißen Stein legen, eine riesige, warme, runde Marmorplatte. Ganz schön hart, so ein Stein. Und ganz schön warm. Ach, herrlich, seufzt Anja. Über dem Stein ist eine große Kuppel mit kleinen Lichtern darin, wir starren nach oben und seufzen zufrieden. Wir sind schnell durchgewärmt und gehen wieder zu einem Waschbecken. Es ist dämmrig und diesig, die Zeit und alle Bewegungen scheinen langsamer zu gehen. Es hallt, als wir die Wasserhähne aufdrehen und uns kühles Wasser aus den Messingschalen übergießen, über die Beine, über die Arme, schließlich über den Kopf. Dann räkeln wir uns wieder auf dem Stein. Ach, herrlich.

Ich stelle fest, dass man lustige Geräusche machen kann, wenn man auf dem Rücken liegt, die Füße aufstellt und das mit dem nassen Handtuch umschlungene Hohlkreuz gegen den Stein presst und wieder hochzieht, dann schmatzt und pupst es, und es ist ein lustiges Gefühl, wenn wieder Luft in den feuchten Hohlraum dringt. Wir kichern. Und werden träge. Entspannt. Alles so schön warm hier. Und plötzlich ist der Stein auch gar nicht mehr

so hart. Ich muss ein bisschen auf meinen Kreislauf aufpassen, gieße mir noch einmal kühleres Wasser über den Kopf. Ach, herrlich, sagt Anja. Und es macht auch Spaß, mit dem Wasser herumzuplantschen wie die Kinder, einfach noch mehr Wasser über sich zu kippen. Und so schön warm. Herrlich! Draußen, denken wir, laufen die Leute durch Geschäfte und durch die Kälte und den Schneematsch und kaufen Weihnachtsgeschenke und haben Stress. Und wir liegen hier auf dem heißen Stein und haben es warm und nass und werden schwer und träge und noch wärmer. Wir erzählen uns Geschichten von Männern, Geschichten von Kunden und Kollegen und gemeinsamen Freunden. Als wir uns gerade wundern wollen, ob sie uns vielleicht vergessen haben, kommen zwei Bademeister herein, und wir werden zur Waschung gebeten.

Hinter einer halbhohen Mauer stehen sechs oder acht Tische, ebenfalls aus Marmor, aufgereiht wie Schlachtbänke. Ein freundlicher Tellak begrüßt mich, stellt sich vor und bittet mich, das Handtuch ab- und mich auf den Tisch zu legen. Er selbst ist ebenfalls nur mit einem nassen Handtuch bekleidet, ich trage jetzt nur noch meine Bikinihose. Er übergießt mich noch einmal mit Wasser, dann streift er einen rauen Handschuh über und beginnt mit dem Körperpeeling. Von oben bis unten rubbelt er mich ab, ziemlich energisch, den Rücken, die Beine von hinten, mit dem kratzigen Handschuh, dann umdrehen und dasselbe auf der Vorderseite. Seltsames Gefühl, mich von einem fast nackten Fremden abschrubben zu lassen, aber sehr angenehm. Er legt meine Beine ein Stück weiter auseinander, um auch die Innenseiten abreiben zu können, ich hole einmal tief Luft und lasse locker, lasse mich fallen und ihn machen. Wie wohltuend das ist. Ist total gesund, behauptet er, und dann sagt er, fühl mal, und legt meine Hand auf meinen Bauch: alles voller Krümel.

Nach dem Peeling werde ich gewaschen. Mein Tellak füllt

einen feinen Baumwollsack mit Luft, hält ihn oben zu und drückt die Luft durch den Stoff unten wieder hinaus, und mit der Luft kommt ganz viel Schaum heraus, sehr feiner Schaum, der auf meinem Rücken liegen bleibt und mir langsam an den Seiten hinuntergleitet. Was für ein Gefühl. Hier ist wohl sein. Der Schaum duftet nach Zitrone und ist so fein und kribbelt so auf der Haut, und alles an mir ist so warm und weich, nur der Tisch, auf dem ich liege, der ist warm und hart. Mein Tellak wäscht mich mit dem Schaum, von oben bis unten, von hinten und von vorne, ohne jede Ruppigkeit jetzt, fast liebevoll. Ich dufte nach Zitrone.

Ein bisschen Schaum ist mir ins Gesicht geraten und rinnt anscheinend Richtung Mundwinkel, ich merke es nicht, ich merke es erst, als der Tellak sich über mich beugt, mir mit der Rückseite seines Zeigefingers sanft den Schaum von der Wange streicht, mir eine Tausendstelsekunde länger als nötig in die Augen schaut und leise lächelnd sagt: Nicht essen.

Wieder legt er mir die Hand auf den Bauch und sagt: Fühl mal. Meine Haut ist jetzt ganz weich, ich dufte, ich bin durchgewärmt und total entspannt.

Und schließlich die Massage, anfangs denke ich, er soll mal nicht so zimperlich sein, aber da ist er noch dabei, das Öl auf meinem Rücken zu verteilen, und dann ist er natürlich überhaupt nicht mehr zimperlich, aua, und zwar keineswegs. Aua. «Wohlschmerz» hat das mal ein anderer Masseur genannt, diesen Schmerz, den man gerne hat, weil es genau da wehtut und der Masseur genau da draufdrücken soll, weil der Schmerz so guttut, ja, aua, nicht aufhören, genau da, aua, mehr. Rrrrrrrr. Unglaublich, wo man überall verspannt sein kann, an den Fußmuskeln, an den Waden und an den Schienbeinen, warum macht es so viel Wohlschmerz, wenn er an meinen Schienbeinen hochfährt? Und wohin um alles in der Welt biegt er mein Bein, will er mir das ausrenken, aua! Auf der Schlachtbank neben mir stöhnt Anja.

Anderes Bein, gleiches Spiel, ich liege auf dem Bauch, er knickt meinen Unterschenkel nach oben und biegt ihn zur Seite, bis ich glaube, er renkt mir gleich das Knie aus. Dann mein Rücken, auauau, der Mann ist überhaupt nicht mehr zimperlich.

Ich soll mich umdrehen. Vom Öl und von den Resten des Zitronenschaums bin ich ziemlich glitschig, der Tellak hält mich in einer fast zärtlichen Geste fest und passt auf, dass ich nicht vom Tisch rutsche. Drüben stöhnt jetzt Anjas Tellak. Meiner massiert mir den Bauch, das fühlt sich sehr seltsam an. Dann geht er an meine Halswirbelsäule, da habe ich immer Probleme, vorsichtig, sage ich. Es tut unglaublich gut, wie kann es so guttun, wenn einem einfach jemand am Kopf zieht? Nebenan ächzen Anja und ihr Tellak jetzt im Duett, es scheint ordentlich Arbeit zu sein.

Der Masseur schiebt mir von oben die Hände unter den Rücken und drückt von unten gegen mein Körpergewicht an, meine Güte, was sind das alles für Knubbel in meinem Rücken?

Dann meine Arme, immer wieder streicht er mir die Arme entlang, massiert meine Hände, das ist alles so wunderbar. Und noch mal am Hals, und noch mal überall, eine letzte Ladung Seifenschaum, alles abwaschen, und dann ist es leider schon vorbei. Warm, weich und Wohlschmerz, ich könnte ewig hier liegen bleiben.

Geht aber leider nicht. Ich liege auf dem Rücken, der Tellak zieht noch einmal sanft an meinem Kopf, dehnt meine Halswirbelsäule, zieht meine Arme lang nach oben, geht um den Tisch herum, umfasst meine Fußgelenke und zieht, streckt meine ganze Wirbelsäule und zieht mich auf dem Tisch hinunter zum Fußende. Er hilft mir, mich aufzusetzen, und jetzt macht dann doch mein Kreislauf schlapp. Der Tellak holt ein Schälchen mit etwas kühlerem Wasser, gießt es mir über die Beine, über die Arme, ganz vorsichtig, und nimmt schließlich richtig kaltes Wasser in die Hände und streicht es mir ins Gesicht.

Hinterher sitzen wir noch lange im Ruheraum und sind gar nicht so ruhig. Träge wohl. Wir sind immer noch allein und erzählen uns neue Geschichten von Kunden und Kollegen, Männern und Frauen und Urlaubsreisen, und dazu trinken wir süßen Granat-apfeltee, während draußen fieses Wetter und Weihnachtshektik herrschen.

Schlagzeug

Als Kind hatte ich eine Weile Klavierunterricht, und jetzt steppe ich seit ein paar Jahren; theoretisch bin ich also musikalisch nicht komplett ahnungslos, aber so ein Schlagzeug ist dann doch noch mal etwas anderes. Klavier habe ich auch schon ewig nicht mehr gespielt, und Steppen ist mehr Tanz als Musik oder, nun ja, Interpretationssache. Jedenfalls braucht man nur die Füße. Aber immerhin lernt man, bis acht zu zählen, und bekommt rhythmisch ein bisschen Übung.

Dachte ich.

Aber jetzt sitze ich neben Thomas Altmann, der mir seine Siebensachen erklärt: Snare, Bass, Hi-Hat, zwei Tomtoms, zwei Becken. Sieben Instrumente in einem, und das ist nur die Grundausstattung, das klassische Jazzschlagzeug. Viele Schlagzeuger haben noch jede Menge weiteres Spielzeug drum herum, aber ich finde sieben schon ganz schön viel. Ich kann ja nicht mal ein Instrument.

Wir fangen natürlich mit etwas Einfachem an: Mit der rechten Hand soll ich auf der Hi-Hat die Achtel schlagen, dazu mit dem rechten Fuß auf eins und drei die Bass und mit der linken Hand auf zwei und vier die Snare. Äh, ja nee, klar. Thomas macht es mir vor, es klingt einleuchtend und nicht so schwer. Er schlägt vor, ich soll den rechten Fuß und die linke Hand als eine Einheit sehen, die abwechselnd die Viertel schlagen. Das hilft, dann hat man nicht ganz so viel zu koordinieren. Super Trick, und theoretisch ist mir auch klar, was ich tun soll.

Ich setze mich ans Schlagzeug und probiere erst mal alles einzeln. Haue überall einmal drauf und bin viel leiser als Thomas, aber egal. Als ich anfange, auf der Hi-Hat die Achtel zu schlagen, stelle ich fest, dass schon das nicht ganz einfach ist. Also, wenn man wirklich im Takt sein und nicht immer mal schneller und langsamer werden will. Aber mit solchen Feinheiten halte ich mich jetzt nicht auf, ich schlage meine Achtel (chik-chik-chik-chik-chik-chik-chik-chik), nehme die Bass Drum dazu, huch!, der Bums kommt irgendwann, aber nicht, als ich ihn haben wollte, und dabei verliere ich natürlich auch meine Achtel.

Noch mal: chick-chik-chik-chik-bumm-chik-chik-chik-bumm-chik-chik-äh-bummchik, huch. Und da muss jetzt noch die Snare dazwischen. In der Theorie: bumm-chik-pok-chik-bumm-chik-pok-chik, wobei auf Bumm und Pok jeweils auch gleichzeitig ein Chik ist. Logisch.

Nur, dass meine Hände und Füße das nicht ganz so akkurat machen, wie sie sollen. Beziehungsweise, immer wenn sie es gerade halbwegs hinbekommen haben, freue ich mich so sehr, dass ich gleich wieder rauskomme. Aber hey, das macht Spaß! Bumm-chik-chik-mist, pok vergessen, bumm-chik-bumm-chik, auch falsch. Ich sage: So, jetzt noch mal langsam, und fange von vorne an. Chik-chik-chik-chik, Thomas lacht, das ist überhaupt nicht langsamer als vorher. Nö, aber konzentrierter. Hihi.

Drei Gliedmaßen zu koordinieren, die alle etwas anderes machen, ist gar nicht so einfach, und erschwerend kommt noch hinzu, dass die Hi-Hat, die ich mit rechts schlage, links steht. Ich muss also auch noch mit der rechten über die linke Hand hinwegreichen, und der Ton, den meine rechte Hand produziert, kommt von links. Das ist ein bisschen verwirrend und kommt mir erst mal total unpraktisch und unlogisch vor, aber ich weiß, dass das schon Generationen von Schlagzeugern so machen, und die sind ja auch alle nicht blöd. Irgendeinen Sinn wird es schon haben, ich hinterfrage das nicht weiter, sondern versuche noch mal, mich zu konzentrieren.

Als Nächstes soll ich die Bass bei jedem zweiten Mal zweimal anschlagen. Chik-chik-chik-chik, bumm-chik-pok-bumm, bumm-chik-pok-chik, bumm-chik-pok-bumm, bumm-chik-pok-chick, ähm, also, was? (Weiterhin läuft die Hi-Hat natürlich durch, auf jedem Bumm und Pok ist also außerdem noch ein Chik.)

Kriege ich schon rote Bäckchen? Hach, das macht Spaß. Manchmal läuft es sogar zwei, drei Takte hintereinander! Jippie! Sobald ich mich freue oder auch nur «Geht doch» denke, geht natürlich gar nichts mehr. Aber wenn es geht, dann, na ja, klingt es noch ein bisschen rumpelig, aber man hört immerhin, was es sein soll. Auch wenn die Töne nicht alle gleich laut sind und nicht immer alles, was gleichzeitig kommen soll, auch wirklich gleichzeitig kommt.

Nächster Versuch, wir verschieben den doppelten Bumms um einen Schlag nach, äh, woandershin. So, dass es kein Auftakt mehr ist: bum-chik-pok-chik, bum-bum-pok-chik, bum-chik-pok-chik, bum-bum-pok-chik, das ist irgendwie schwieriger als das vorhin mit dem Auftakt-Bumm. Falls das ein Auftakt war, ich kann so langsam nicht mehr wirklich denken, sondern – hey, vielleicht ist das eine gute Nachricht, denke ich plötzlich: Ich fühle den Takt im Moment mehr, als dass ich ihn erklären könnte. Okay, dann nehme ich jetzt an, das wäre gut so, und höre einfach auf zu denken.

Immer wieder hampele ich unbeholfen herum, haue sinnlos irgendwohin und muss lachen. Das macht wirklich Spaß. Wenn ich merke, dass ich einen Schlag vergessen habe, holt mein Gehirn ihn einfach nach, irgendwo, wo er nicht hingehört und wo er mich erst recht rauswirft. Mir fällt auf, dass mir das beim Tippen auch so geht – sobald mein Gehirn registriert, dass ich einen Buchstaben vergessen habe, holt es den nach. Aber eben da, wo ich gerade bin, und nicht da, wo er hingehört. Oft stehen also bei meiner chaotischen Tippweise am Ende alle benötigten Buchstaben da, aber in der falschen Reihenfolge. Beim Musikmachen haut es einen da natürlich total raus.

Weiter geht es mit Triolen. Also, Triolengefühl, man spielt aber nur die dritte und die erste. Swingtriolen. Das klingt dann so gehüpft, tadam, tadam, tadam. Wenn Sie mal mit dem Finger auf irgendwas klopfen und laut mitzählen würden: eins-zwei-drei, eins-zwei-drei, eins-zwei-drei, und dann weiterklopfen und beim Sprechen die Zwei weglassen: eins – drei-eins – drei-eins – drei-eins – klar? Dazu wieder die Bass und die Snare. Chik-chikchik-chikbumm-chikchik-chikpok-chikchik-chikbumm-chikchik. Und dann mit doppeltem Bumm bei jedem zweiten Mal:

Bumm-chikchik-chikpok-chikchik-bummbumm-chikchik-chikpok-chikchik-chikbumm-chikchik-chikpok-chikchik-bumm-bumm-chikchik-chikpok-chikchik.

Uh. Alter Schwede. So langsam lässt meine Konzentrationsfähigkeit nach, und die Stunde ist auch fast rum. Aber eine Sache versuchen wir noch: Wir bauen am Ende des vierten Takts ein Fill-in ein, bei dem – jippie-yeah! – eins der Tomtoms und ein Becken mitbenutzt werden. Snare – Tomtom – Becken machen statt der zweiten Hälfte des vierten Taktes jabbadabba – dabbadabba – duschschsch! Also ungefähr so:

Bumm-chikchik-chikpok-chikchik-bummbumm-chikchik-chikpok-chikchik-bummbumm-chikchik-chikpok-chikchik-bummbumm-chikchik – jabbadabba-dabbadabba-duschschsch! – chikchik – und da wird's dann noch mal richtig schwierig, nach diesem Fill-in wieder einzusteigen, also im Rhythmus wieder bei Takt eins anzufangen, das, äh, kriege ich dann doch nicht mehr richtig hin. Zu Ende konzentriert.

Aber in den nächsten Tagen sitze ich zu Hause dauernd am Tisch und klopfe mit der einen Hand auf die Tischplatte und mit der anderen auf ein Buch oder einen Teller oder was halt gerade da liegt, mit dem Fuß nerve ich die Nachbarn untendrunter, und dann: Jabbadabba-dabbadabba-duschschsch! Riesenspaß.

Forza!

Wenn ich Fußballfan wäre, dann wäre ich natürlich Fan des magischen FC St. Pauli. Was denn sonst. Tatsächlich bin ich kein Fußballfan, aber ich wollte schon immer mal gern ins Stadion. Alle Dauerkartenbesitzer in meinem Freundeskreis wissen das, und so fragt Steffen eines Nachmittags überraschend, ob ich abends mitwill ins Millerntor-Stadion. Ich sage natürlich spontan zu, erst dann fällt mir auf, dass es draußen saumäßig kalt ist. Es ist der 19. Dezember 2011, St. Pauli spielt gegen Eintracht Frankfurt. Spitzenspiel der 2. Bundesliga, die Eintracht ist auf dem zweiten Tabellenplatz, St. Pauli auf dem vierten. Um an der Eintracht vorbeizuziehen, müssten wir (ich sag jetzt mal «wir») fünf zu null spielen.

Übrigens war ich schon mal im Stadion, ein einziges Mal. Das war 1991 in Tokyo – das Goethe-Institut hatte ein paar Tickets für deutsche Fans übrig, die wir Studenten kostenlos bekommen konnten. Es ging um den Coca-Cola-Worldcup, und es spielte das Yomiuri-Team gegen – tatsächlich Eintracht Frankfurt. Von einem Stadionbesuch hatte ich damals das erwartet, was man von einem Stadionbesuch eben erwartet, und bekam das Gegenteil: keine grölenden Kerle, sondern kichernde und kreischende Mädchen in Schuluniformen, die artig auf ihren nummerierten Sitzplätzen saßen, ihre Bento-Boxen auspackten und beim Anblick der Lieblingsspieler fast in Ohnmacht fielen. Die wenigen Deutschen im Publikum saßen nicht etwa beieinander, sondern überall in dem großen Stadion verteilt, sodass nicht das kleinste bisschen Fanstimmung aufkam. Noch dazu saßen wir ziemlich weit vorne unten, hinter einem Netz, durch das man kaum in die

Tiefe gucken konnte, also schauten wir uns das Spiel vor allem auf der großen Leinwand über dem Spielfeld an. Eintracht Frankfurt hat damals ziemlich hoch gewonnen, als Stadionerlebnis war es eher enttäuschend.

Jetzt also wieder Eintracht Frankfurt (was interessiert mich Eintracht Frankfurt?), bei Eiseskälte im Dezember am Millerntor. Letztes Jahr um diese Zeit habe ich den Sportbootführerschein gemacht und mir für die Prüfung die wärmste lange Unterhose von ganz Hamburg gekauft (oder zumindest die teuerste), die ziehe ich an, dazu Jeans, einen dünnen Pullover und darüber einen dicken, die dicke Jacke, meine Seenotretter-Mütze, Schal, Handschuhe, eigentlich ziehe ich ungefähr alles an, was ich habe. Wir sind um halb sieben im Stadion, das Spiel geht erst um Viertel nach acht los. Alkohol gibt es keinen, aus Sicherheitsgründen, aber einen alkoholfreien Glühwein! Hurra! Schmeckt nach Kirschsaft mit ein bisschen Chemie drin. Macht nichts, Hauptsache, warm.

Steffen sagt, wenn ich vorhätte, in den nächsten drei Stunden aufs Klo zu müssen, dann solle ich das am besten jetzt tun. Denn während des Spiels will man das nicht, weil man dann garantiert ein Tor verpasst, und in der Halbzeitpause gehen alle. Damenklos sind rar gesät, es sind auch nicht viele Frauen da. Ich muss jetzt aber gerade nicht. Ich beschließe, dass ein heißer Kirschsaft auch reicht, der muss mich jetzt halt dreieinhalb Stunden warm halten. Ich bin froh, dass ich so viel anhabe, aber zur Toilette will ich damit nicht.

Als ich mich eben frage, ob es nicht vielleicht eine Schnapsidee war, bei der Kälte stundenlang draußen herumzustehen, grölt es aus dem Eintracht-Fanblock: Scheiß St. Pauli, scheiß St. Pauli! Och, denke ich, das ist jetzt aber voll nicht nett! Das Spiel hat doch noch nicht mal angefangen. Und dann passiert das Unfassbare: Die St.-Pauli-Fans reagieren erst mit schallendem Geläch-

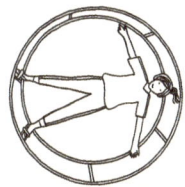

ter, dann rufen sie ein paarmal zurück: Scheiß St. Pauli!, scheiß St. Pauli!, und lachen weiter.

Alles klar, Jungs, ihr habt mich. Die Frankfurter verstummen postwendend, und ich bin den Hamburgern erlegen.

Nur dem Herrn vor mir nicht.

Wir waren so früh da, um gute Plätze zu bekommen, Stehplätze, ungefähr in der Mitte der Gegengeraden, aber das heißt natürlich nicht, dass alle anderen, die später kommen, sich nicht um einen herumdrängen. Ist ja auch völlig in Ordnung, es sind halt viele Leute da. Nur stehe ich schon fast schief, so kann man eigentlich gar nicht stehen, aber von hinten drückt einer, ein anderer von rechts und einer von schräg vorne. Der schräg vorne ist ein älterer Herr, der sich jetzt zu mir umdreht und mich anpampt, ich bräuchte gar nicht so zu drängeln. Ähm, sage ich, ich werde auch von der anderen Seite geschoben, ich habe hier überhaupt keinen Platz. Im Gegensatz zu ihm übrigens, offenbar hat er Angst, eine Stufe runterzufallen, denn nach vorne hin hat er durchaus Luft. Er will aber nach hinten, da stehe ich, und ich kann nicht weiter zurück. «Böser Alter Mann», denke ich. BAM.

Die Spieler machen sich warm, und mir wird kalt. So langsam kriecht die Kälte durch. Ein paar Fahnen werden geschwenkt, ein endlos langes Transparent wird vor uns durch die Reihen gereicht – ich kann nicht lesen, was draufsteht, niemand hat so richtig Lust, es zur vollen Pracht zu entfalten, scheint's, aber es wandert fast durch das komplette Stadion.

Das Spiel soll anfangen, mir ist jetzt richtig kalt. Die Mannschaften laufen ein, Musik wird gespielt, alle verfügbaren Fahnen werden geschwenkt, braun-weiß-rot, mit Herzen drauf, mit Totenköpfen und mit dem Hamburgwappen, aus allen Richtungen fliegt auf einmal Konfetti durch die Luft, unglaubliche Mengen von Wunderkerzen funkeln, es wird gejubelt, gehüpft, gejohlt und gesungen, es ist ein großes Fest. Dabei ist noch gar nichts passiert, aber ich bin schon total emotional. Ums Herz wird mir warm, wer hätte das gedacht.

Zum Spielbeginn ist der Konfettiregen vorbei, und die Wunderkerzen sind erloschen. Was ich nicht wusste: Es gibt eine Art Cheerleader (der bestimmt nicht so genannt werden möchte, er heißt Capo), der vor der Südtribüne steht, mit dem Rücken zum Spielfeld, und durch ein Megaphon vorgibt, was wann gesungen wird. Auf der Südtribüne wird daher dauernd gehüpft und gesungen, der komplette Rest des Stadions fällt mit ein. Wir singen Forza St. Pauli und Aux Armes und alles Mögliche, teilweise gibt die Süd etwas vor, was dann reihum durchs ganze Stadion wandert. Nur die Frankfurter, die machen nicht mit. Spielverderber.

Während das Spiel, nun ja, so dahinläuft, bin ich ganz hingerissen von der Atmosphäre, da – WAS WAR DAS DENN?? Das war ja wohl HAAAAAAND!, schreie ich, und alle anderen schreien mit, ich mag ja nichts von Fußball verstehen, aber das habe sogar ich gesehen! Das ganze Stadion ist empört, aber der Schiedsrichter hat es offenbar nicht bemerkt. Das Spiel läuft weiter, ich hab glatt einen kleinen Adrenalinstoß bekommen. Schon ist mir nicht mehr so kalt.

Die erste Halbzeit läuft, soweit ich das beurteilen kann, einigermaßen ausgewogen. Einmal wird ein Frankfurter eingewechselt, und das ganze Stadion buht ihn aus. Was ist denn jetzt los, frage ich Steffen, der arme Mann hat doch noch gar nichts gemacht, wieso schimpfen die so? Doch, sagt Steffen, er hat schon was gemacht. Er hat mal zwei Tore gegen uns geschossen. So was vergisst ein Fan nicht. Außer, wir kaufen den Spieler, dann ist er natürlich einer von den Guten.

Nach einer halben Stunde schießt jemand eine Ecke, ich sehe nur ein Kuddelmuddel vor dem Frankfurter … Toooor! Tor, Tor, Toooor für St. Pauli! Alle springen herum, ich springe mit, Kon-

fetti, Gesang, es ist großartig. Und wieder ein bisschen wärmer. Ansonsten versuche ich die ganze Zeit, meine Zehen in den Schuhen zu bewegen, damit sie mir nicht abfrieren.

In der Halbzeitpause ziehe ich meine Handschuhe aus und stelle fest, dass mein einer Finger zur Hälfte fast weiß ist. Leicht gelblich. Gruselige Farbe. Alle anderen Finger sind rotgefroren, der eine weiß. Ich spüre ihn auch kaum noch. In Russland, behauptet Steffen, würde man auch wildfremde Leute drauf hinweisen, wenn ihre Nasen so aussehen, denn es deute darauf hin, dass sie bald abfrieren. Yeah, super.

Der BAM raunzt mich an, ich würde ja schon wieder so drängeln. Beim nächsten Mal komme ich ihm zuvor und behaupte als Erste, er würde drängeln. Blödmann.

Was mag in der Pause in den beiden Spieler-Kabinen passiert sein? In der zweiten Halbzeit – und ja, es tut mir jetzt durchaus ein bisschen weh, das so schreiben zu müssen – ist Eintracht Frankfurt eindeutig die bessere Mannschaft. Sie sind dauernd vor unserem Tor, dauernd ist es knapp, dauernd hält Tschauner die Bälle, dauernd hat St. Pauli mehr Glück als Geschick. Beziehungsweise einen guten Torwart. Ansonsten geht kein Pass mehr dahin, wo er hinsoll, kaum etwas spielt sich mal vor dem Frankfurter Tor ab. Mannmannmann. Der BAM beschimpft einen Frankfurter Spieler als «Arschloch», dabei spielt der doch nur Fußball, und ich denke: Was bist du für ein armes Würstchen, du Böser Alter Mann. Mir ist kalt, kann man die zweite Halbzeit nicht einfach ein bisschen verkürzen? St. Pauli führt eins zu null, ist doch gut, das könnten wir doch einfach so lassen. Bei der Kälte.

Da plötzlich geht ein Ball doch mal in die richtige Richtung, ein Spieler prescht vor, nein, zwei, in Richtung Frankfurter Tor, in einem Affentempo, kein Abseits, sie rennen und rennen und zack: TOOOOOOOR, TOOOOOOOR, TOOOOOOOR! Ist das denn zu fassen, was war das denn, war das wirklich ein Tor? Um mich herum flippt alles komplett aus, Konfetti, Gesang, das volle Programm, wildfremde Menschen fallen sich um den Hals, Steffen drückt mir einen Schmatzer auf die Wange, ich hüpfe mit herum, alles strahlt und tanzt und singt, was! für! ein! Fest! Und was für ein sensationelles Tor! Und so kalt ist es nun auch wieder nicht. Hach. Hach! Wie toll! Zwei zu null! Was für ein geiles Tor!

Die Euphorie hält an bis zum Ende des Spiels. Der Spielstand auch. Ebenso wie die schwache Leistung der St. Paulianer in der zweiten Halbzeit. Fast tun mir die Frankfurter leid, sie waren eindeutig die stärkere Mannschaft in der zweiten Halbzeit, aber nun ja: Gewinnen tut, wer die Tore schießt. Nämlich der FC St. Pauli! Forza und hurra! Beim allgemeinen Rumspringen nach dem zweiten Tor hat sich auch die Verteilung der Stehplätze ein bisschen neu zurechtgeruckelt, der BAM steht nicht mehr direkt vor mir, ich habe ein bisschen mehr Platz und werde für den Rest des Spiels nicht mehr beschimpft.

Als wir nach dem Spiel rausgehen, kommen wir an ein paar Frankfurter Fanbussen vorbei. Jemand sagt dort gerade, was für eine unfassbar beschissene Stimmung doch im Stadion gewesen sei. Er muss in einem anderen Stadion gewesen sein als ich. Ich hatte drei Stunden supergute Laune um mich herum. Viel Testosteron und Adrenalin in der Luft, und zwar auf die gute Weise, großer Spaß, viel Gesang und Konfetti. Und mein Finger hat auch wieder seine normale Farbe angenommen.

Am Ende ist St. Pauli einen Tabellenplatz aufgerückt und liegt damit immer noch hinter der Eintracht. Und ich drücke die Daumen für den Aufstieg jetzt noch ein bisschen fester.

Danke fürs Sachenmitmachen:

Anja Rohde, Axel Klatt, Brigitte Große, Detlev Rickmers, Frank Pressentin, Friederike Moldenhauer, Georg Felix Harsch, Gerd Brunzema, Hande Leimer, Ina Marinescu, Inka Marter, Iris Binnewies, Jan und Dörte Karsten, Katja Bogdan, Klaus Friese, Maike Engelhardt, Maret, Maximilian, Johann und Julius Buddenbohm, Nicole Selmer, Steffen Hellmann, Stephan Bartholmei, Susanne Frank, Thomas Altmann, Tim Lorke, Torsten W. Schneider und «S und M».

Und Axel Bogdan sowieso immer und für alles. Du machst was mit.

Isabel Bogdan, geboren 1968 in Köln, studierte Anglistik und Japanologie in Heidelberg und Tokyo. Lebt in Hamburg, weil es da so schön ist, und ist Vorsitzende des Vereins zur Rettung des «anderthalb». Liest, schreibt, übersetzt (u. a. Jonathan Safran Foer, Megan Abbott und Tamar Yellin). 2006 erhielt sie den Hamburger Förderpreis für literarische Übersetzung, 2011 den für Literatur. Sie ist weder besonders sportlich noch besonders mutig.

© Klaus Friese

Was passiert, wenn man auf Spam reagiert?

Spam wird gelöscht und lässt sich erstaunlich gut filtern – dabei sind die unerwünschten Mails häufig sehr unterhaltsam. Doch was passiert, wenn man tatsächlich eine der angebotenen Waren bestellen oder eine der abstrusen Dienstleistungen in Anspruch nehmen will? Sue Reindke hat mit den Anbietern Kontakt aufgenommen – mit überraschenden und vor allem sehr witzigen Ergebnissen.

Erscheint im Juli 2013

rororo 61125

Doktor Oldales geographisches Lexikon

Der ultimative Begleiter für alle Reisebegeisterten: Von Afghanistan bis Zypern präsentiert er für jedes Land der Welt erhellende und überraschende Fakten – Wissenswertes und Skurriles gleichermaßen.

So erfährt man, dass irisches Guinness weniger Kalorien hat als fettarme Milch; dass im Parlament des indischen Bundesstaates Meghalaya ein Adolf Hitler Marak sitzt; warum es in französischen Zügen verboten ist, sich zu küssen, und wo das Nichtbetätigen der Klospülung 150 Dollar Strafe kostet.

Liebevolle Ausstattung mit über 1000 Abbildungen.

rororo 62954